ORBIS LATINUS

herausgegeben von

Hubert Reitterer und Kurt Smolak

HERBERT HAUSMANINGER – WOLFGANG TRACHTA

RÖMISCHES RECHT

KOMMENTARBAND

Verlag Hölder-Pichler-Tempsky, Wien

In Verlagsgemeinschaft mit

Österreichischer Bundesverlag, Wien

Alleinvertrieb in der Bundesrepublik Deutschland:

R. Oldenbourg Verlag, München

ORBIS LATINUS - BAND 15
Hausmaninger-Trachta, Römisches Recht
Teil 1: Textband
Teil 2: Kommentarband

In Österreich:
Schulbuch-Nr. 3417 (zweiteilig)

Aufbau des Kommentars

TEIL **A**: Konstruktions- und Übersetzungshinweise
TEIL **B**: Juristische, literaturkundliche, historische und kulturhistorische Informationen
TEIL **C**: Interpretationsfragen und Arbeitsaufgaben

Die im Kommentar verwendeten **Abkürzungen** stimmen mit den im "Stowasser" verwendeten weitgehend überein. Siehe auch das Verzeichnis auf den Innenseiten des Umschlags.

Deutschsprachige **Gesetzestexte** werden in der Originalform zitiert. Sie weichen deshalb gelegentlich vom modernen Sprachgebrauch und von den geltenden Interpunktionsregeln ab. So hat insbesondere im ABGB von 1811 der Strichpunkt häufig die Bedeutung eines Kommas.

Umschlag: Gerhard Reuter

1. Auflage 1992

ISBN 3-209-01411-6 (Verlag Hölder-Pichler-Tempsky, Wien)
ISBN 3-486-13429-9 (R. Oldenbourg Verlag, München)

Alleinvertrieb in der Bundesrepublik Deutschland:
R. Oldenbourg Verlag, München

Satz: Institut für römisches Recht und antike Rechtsgeschichte der Universität Wien
Druck: Piller, Wien

INHALTSÜBERSICHT

Rechtsquellen und Rechtsbegriff

Personen- und Familienrecht

Besitz- und Eigentumserwerb, Eigentumsschutz

Das Schadenersatzrecht der lex Aquilia

Der Kaufvertrag

Das römische Recht im europäischen Mittelalter

Rechtsquellen und Rechtsbegriff

1. Die Zwölf Tafeln

Auszüge aus den Gesetzestafeln I, III und VIII

A

Zur Sprache der Zwölf Tafeln

Die Originaltafeln wurden der Überlieferung nach bei dem Brand Roms im Gallierkrieg 387 v. Chr. zerstört; es existierten aber Abschriften, die von Generation zu Generation weitergegeben und studiert wurden (Cicero berichtet, er habe die Zwölf Tafeln in seiner Jugend auswendig gelernt ‘ut carmen necessarium’). Dabei wurde der Text etliche Male sprachlich ‘modernisiert’; daher ist die vorliegende Fassung der Zwölf Tafeln eine Mischung aus Elementen des 5. Jhdts. v. Chr. mit der Sprache der klassischen Zeit.

An der Sprache der Zwölf Tafeln fallen besonders auf:

a) Altertümliche Wörter: paco 3. "sich gütlich einigen", se (≙ sine), ni (≙ nisi).

b) Altertümliche Wortformen: aevitas (≙ aetas), em (≙ eum), caussa (≙ causa), endo (≙ in), escit (≙ est), rupsit (≙ ruperit), faxsit (≙ fecerit).

c) Die häufige Verwendung von 2. Imperativen an die 3. Pers. Sing. und Pl. wie es-to, iaci-to, coiciu-nto, perora-nto, darunter später außer Gebrauch gekommene Formen wie antestamino, der pass. 2. Imperativ. Die Verneinung des Imperativs erfolgt mit ne (ne sternito).

d) Subjekte und Objekte werden, wenn es sich um Personen handelt, gewöhnlich weggelassen und müssen aus dem Kontext erschlossen werden; die Subjekte wechseln häufig, vgl. I (1): si in ius vocat, ito "wenn (der Kläger) (den Beklagten) vor Gericht ruft, soll (der Beklagte) hingehen".

Tafel I

(I,1) in ius "vor Gericht" **ito, it** Subj. ist der Beklagte **ni** ≙ nisi **antestamino** "zum Zeugen nehmen", pass. Form des 2. Imperativs, Subj. ist der Kläger **igitur** "hierauf", "sodann" **em** ≙ eum (Schreibung nach der Aussprache)

(I,2) calvitur "Ausflüchte machen", Dep. **pedem(ve) struit** "flüchten wollen" **manum endo iacito** "Hand anlegen", "ergreifen", endo ≙ in, arch., iacito ist 2. Imperativ, in Rechtssprache häufig; Subj. ist der Kläger

(I,3) aevitas(que) ≙ aetas, "(hohes) Alter" **escit** ≙ est, arch. **iumentum** "Tragtier" **arceram ... sternito** "einen gedeckten Wagen (arcera von arca ‘Kiste’) zurechtmachen" (wörtl.?) **ne** Verneinung des Imperativs

(I,4) assiduo "Ansässiger", d. h. einen eigenen Hof bestellender und daher wohlhabender Bürger **vindex** "Bürge" **esto** 2. Imperativ von esse **proletario ... civi** "Bürger, der kein Vermögen, sondern nur Nachkommen (proles) hat", davon das Fremdwort ‘Proletarier’ zur Bezeichnung eines Angehörigen der

untersten sozialen Klasse; von dieser Bezeichnung kommt der Fachausdruck der marxistischen Ideologie 'Proletarier', d. h. Angehöriger der Arbeiterklasse, aber auch die abwertend verwendete Kurzform 'Prolet' für einen ungebildeten, ordinären Menschen **iam** "hingegen" **quis** ≙ quisquis
(I,6) rem ... pacunt "eine Angelegenheit gütlich beilegen"; das arch. Verb paco 3. ist mit pax verwandt **orato** "bestätigen"; Subj. ist der Richter
(I,7) caussam coiciunto "die Streitsache vorbringen"; caussam ≙ causam, arch. **peroranto** "den Sachverhalt darlegen"
(I,8) praesenti litem addicito "zugunsten der anwesenden Prozeßpartei entscheiden" (wörtl. 'dem Anwesenden den Streitfall zusprechen')
(I,9) praesentes erg. sunt **suprema tempestas** "der letzte Zeitpunkt" (für Verhandlung oder Urteil), tempestas ≙ tempus

Tafel III
(III,1) aeris confessi "zur Begleichung einer vor Gericht anerkannten Geldschuld" (confessi ist PPP eines Deponens; Deponentia werden im Juristenlatein - wie in der Ugs. - bisweilen passiv gebraucht) **rebus(que) iure iudicatis** "einen Streitfall rechtmäßig entscheiden" **dies iusti** "rechtmäßige Frist" (zur Urteilserfüllung)
(III,2) post deinde "dann"; Pleonasmus **in ius ducito** "vor Gericht bringen", Subj. ist der Kläger
(III,3) iudicatum facit "dem Urteil Folge leisten" **quis** ≙ aliquis **endo eo** "für ihn"; endo ≙ in, arch. **vindicit** "Bürgschaft leisten" **vincito** von vincio 4. **nervo** "Riemen", "Strick" **compedibus** "Fußfesseln" **pondo** "von ... Pfund"; von dem alten Subst. pondus, i, m. (statt pondus, eris, n.) hat sich nur der abl. qual. erhalten, die anderen Kasus sind ungebräuchlich
(III,4) suo abl. instr., subst. Neutr. **libras** von libra, ae, f., "Pfund" (327g) (eigtl. 'Waage'), davon die Bezeichnung der it. und türkischen Währung 'Lira', ebenso die Abkürzung £ für engl. pound (als Währung z. B. in Großbritannien, Irland, Ägypten, Malta und Südzypern) und die Abkürzung lb. als Gewichtseinheit in angelsächsischen Ländern **farris** "Brei", "Brot", meton., eigtl. 'Dinkel' (far, farris, n.), eine Getreideart **endo dies** "täglich"
(III,6) tertiis nundinis "am dritten Markttag", abl. temp. von nundinae, arum, f.; gemeint ist nach dreimal acht Tagen (s. Komm. B) **partis** ≙ partes, "Körperteile" **se fraude** ≙ sine fraude, "ohne Verstoß gegen das Recht" (se hat sich als Trennungspartikel erhalten: vgl. se-curus 'sorglos', 'ohne Sorgen', se-cedere/se-cessio u. a.) **esto** 2. Imperativ von esse

Tafel VIII
(VIII,2) rupsit ≙ ruperit, fut. ex.; arch. **pacit** "sich gütlich einigen"; s. zu I,6 **talio**, onis, f., "Vergeltung", von talis, e, 'gleichwertig', 'in gleichem Ausmaß' abgeleitet (vgl. engl. re-taliation)
(VIII,3) CCC, CL erg. assium **poenam subito** "eine Strafe auf sich nehmen/

bezahlen"; subíto ist 2. Imperativ; von poena stammt das Fremdwort 'Pönale' für eine vertraglich vereinbarte Strafzahlung, die z. B. ein Handwerker bei Nichteinhaltung eines Fertigstellungstermins leisten muß

(VIII, 4) faxsit ≙ fecerit; arch. Form des fut. ex. mit Doppelschreibung des Zischlautes, vgl. I,7 caussam

B

Tafel I

(I,1) si - vocat, ito Der Kläger fordert den Beklagten auf, 'in ius', zur Gerichtsstätte (d. h. vor den Prätor auf den Comitium genannten Teil des Forums, s. unten zu I,7: in comitio) zu kommen. Dieser Ladung hat der Beklagte grundsätzlich zu entsprechen. **ni it - capito** Weigert sich der Beklagte, so darf der Kläger vor Zeugen Gewalt anwenden. Horaz berichtet (Satire I 9), wie er von einem aufdringlichen Zeitgenossen belästigt wird, der ihm auf der Straße aufgelauert hat und ihm mit seinem Geschwätz die Laune verdirbt. Zufällig erkennt ein Passant in dem Schwätzer seinen Schuldner und bittet Horaz mit der Formel 'licet antestari?' ('Darf man dich zum Zeugen nehmen?'), sein Zeuge zu sein, wie er den Schuldner vor Gericht lädt (rapit in ius 'er schleppt ihn vor Gericht').

(I,2) si calvitur - iacito Ein Versuch des Beklagten, sich der Ladung zu entziehen, berechtigt den Kläger ohne weiteres zur Selbsthilfe mittels Handanlegung (manus iniectio). Der Staat nützt weitgehend die Privatinitiative seiner Bürger und beschränkt sich auf deren Kontrolle zur Verhinderung von Mißbräuchen.

(I,3) si morbus - sternito Der generellen Tendenz der Zwölf Tafeln folgend, stellt diese Vorschrift zugunsten alter und gebrechlicher Beklagter zweifellos eine Milderung gegenüber früheren (härteren) Gebräuchen dar.

(I,4) assiduo - vindex esto Für den Beklagten konnte ein Dritter als vindex (Bürge) schützend eingreifen und ihn durch das symbolische Wegschlagen der Hand des Klägers (manum depellere) der privaten Festnahme entziehen und als 'Gestellungsbürge' dafür Sicherheit leisten, daß der Beklagte vor Gericht erscheinen werde. Nur für einen Ansässigen, d. h. Begüterten, konnte man einen ebenso leistungsfähigen Ansässigen als Bürgen verlangen; für einen proletarius hingegen mußte auch ein weniger zahlungsfähiger Bürge akzeptiert werden: offensichtlich ein weiteres Zugeständnis der Patrizier an die Plebejer im römischen Ständekampf.

(I,6) rem - orato Wie in der gesamten antiken Gesetzgebung wird auch in den Zwölf Tafeln großer Wert auf die gütliche Beilegung von Streitsachen (pactio) gelegt. Dem Richter kommt es zu, diesen Vergleich durch seinen Spruch zu bestätigen und damit sicherzustellen, daß der Rechtsstreit zwischen den Parteien endgültig bereinigt ist.

(I,7) ni pacunt - praesentes Mangels gütlicher Einigung findet in Anwesenheit beider Parteien eine mündliche Streitverhandlung statt. **in comitio**

Auf dem Comitium, einem Platz an der NW-Seite des Forum Romanum am Abhang des Kapitols, fanden sowohl Volksversammlungen als auch Gerichtsverhandlungen statt.

(I,8) post meridiem - addicito Ist eine Partei nicht erschienen oder hat sie sich unbefugt wieder entfernt, so soll für den Fall, daß die Säumnis über Mittag andauert, über den Streitgegenstand (lis) zugunsten des Anwesenden entschieden werden (sog. Versäumnisurteil).

(I,9) si ambo - esto Ist in Gegenwart beider Streitteile bis Sonnenuntergang kein Ergebnis erzielt worden (weder pactio noch addictio), so darf die Verhandlung nicht in die Nacht hinein verlängert, sondern muß 'vertagt' werden.

Tafel III

(III,1) aeris confessi - sunto Wurde ein Anspruch vor Gericht als zurecht bestehend festgestellt, hat der Schuldner eine Erfüllungsfrist von 30 Tagen. Diese Zeitspanne entspricht einem vollen Umlauf des Mondes und begegnet in antiken juristischen Quellen häufig als Frist.

(III,2) post - ducito Für die Vollstreckung im Falle des ungenützten Verstreichens der Frist gelten dieselben Bestimmungen wie für die ursprüngliche Ladung vor Gericht (manus iniectio, Möglichkeit der Bürgschaft durch einen vindex).

(III,3 f.) ni iudicatum - plus dato Tritt kein Bürge auf, so erhält der Gläubiger das Recht, den säumigen Schuldner zu fesseln und als Gefangenen zu halten. Während dieser Zeit muß er ihn notfalls auch mit einem Pfund Dinkelbrei oder Dinkelbrot (übliche Nahrung im bäuerlichen Rom jener Epoche) ernähren. Die genauen Vorschriften über das Gewicht der Fesseln und die Mindestration an Verpflegung sowie der zweimalige Hinweis, der Gläubiger könne nach Gutdünken auch milder verfahren, deuten wohl auf eine härtere Vollstreckungspraxis vor den Zwölf Tafeln hin. Der Gläubiger konnte den gefangengenommenen und nicht durch Zahlung der Schuld ausgelösten Schuldner zur Zwangsarbeit einsetzen oder als Sklaven 'trans Tiberim', d. h. 'ins Ausland' verkaufen. (Zur Zeit der Erlassung des Zwölftafelgesetzes war der Tiber immer noch umkämpfte Grenze zwischen Römern und Etruskern. Erst i. J. 396 konnten die Römer die mächtige Etruskerstadt Veji einnehmen und damit nördlich des Tiber Fuß fassen.) Später wurde die Personalvollstreckung (s. Glossar S. 77) weitgehend durch Vermögensexekution (s. Glossar S. 80) ersetzt. Diese war jedoch anders als heute nicht 'Spezialexekution' (Pfändung einzelner Gegenstände), sondern 'Generalexekution' (Beschlagnahme und Versteigerung des gesamten Vermögens).

(III,6) tertiis nundinis - esto Gab es mehrere Gläubiger, so durften sie den Schuldner am dritten Markttag zerstückeln. (Markttage, an denen die Landbevölkerung zu Verkauf und Kauf in die Stadt kam, fanden alle acht Tage statt.) Diese Bestimmung hatte wohl hauptsächlich Abschreckungscharakter

(Druckmittel auf Familie und Freunde, den Schuldner auszulösen), da eine solche Prozedur sogar den Entzug der Grabesruhe des Toten bedeutete. Nach dem gr. schreibenden Historiker Cassius Dio (2. Jhdt. n. Chr.) kam es jedoch niemals zu diesen äußersten Konsequenzen.

Tafel VIII

(VIII,2) si membrum - esto Wie in fast allen antiken Rechtsordnungen dürfte auch in Rom am Beginn der Rechtsentwicklung die Blutrache gestanden sein. Die Talions- oder Vergeltungsstrafe ist als rechtliche Regelung (Begrenzung) der Blutrache anzusehen. (Besonders deutlich formuliert dieses Talionsprinzip das biblische Recht, Exodus 21, 23-25: "Leben um Leben, Auge um Auge, Zahn um Zahn, Hand um Hand, Fuß um Fuß". Ähnlich bereits der sog. Codex Hammurabi, eine Gesetzessammlung aus der Regierungszeit des babylonischen Königs Hammurabi, 1792-1750 v. Chr., auf Stein erhalten, im Louvre in Paris ausgestellt.) Allerdings geben die Zwölf Tafeln einer gütlichen Einigung (pactio) den Vorzug, Talion bleibt ultima ratio.

(VIII,3) manu - subito Die feste Bußsumme im Bereich des 'bloßen' Knochenbruchs stellt einen beträchtlichen Fortschritt gegenüber der Talionsstrafe dar, nämlich den Übergang von der Körperstrafe zur Geldbuße. Diese Geldbuße ist nicht wie die heutige Geldstrafe an den Staat zu zahlen, sondern an den Verletzten. Das Delikt 'Körperverletzung' fällt in Rom nicht in das öffentliche Strafrecht, dem nur die schwersten Verbrechen gegen die Gemeinschaft vorbehalten sind (z. B. Mord, Hochverrat), sondern wird wie viele andere Delikte (etwa Diebstahl, Sachbeschädigung, Ehrenbeleidigung) im Privatrecht (s. Glossar S. 78) geregelt. Es wird durch Privatinitiative des Verletzten im Zivilprozeß (s. Glossar S. 80) verfolgt. Beachtung verdient weiters die Art der Differenzierung zwischen Freien und Sklaven: Der verletzte Sklave wird offenbar noch analog zur Person des Freien betrachtet, während ihn zwei Jahrhunderte später die Neuregelung des Schadenersatzrechtes in der lex Aquilia (s. Stücke 27 - 32) neben vierfüßigen Herdentieren als Sache behandelt.

(VIII,4) si - poenae sunto Der Tatbestand iniuria (davon engl. 'injury', 'Verletzung') umfaßt hier sowohl leichte Körperverletzung (Realinjurie) als auch Ehrenbeleidigung (Verbalinjurie). 100 As entsprechen dem Wert eines Rindes, 10 As dem Wert eines Schafes.

C

Tafel I

1. Wessen Interessen werden durch die Vorschrift geschützt, daß die Ladung vor Zeugen erfolgen muß?
2. Kann es einem Plebejer gelingen, einen Patrizier vor Gericht zu bringen?

3. Welche Bestimmungen dieser Gesetzestafel haben offenbar eine Stärkung der Rechtsstellung wirtschaftlich und sozial Schwächerer bewirkt?

Tafel III

1. Wieso muß der verurteilte, aber zahlungsunwillige Schuldner nach Ablauf der Frist von 30 Tagen nochmals vor Gericht erscheinen?
2. In welchen Bestimmungen dieser Gesetzestafel könnte man eine Milderung gegenüber vorher strengeren Vollstreckungsvorschriften erblicken?

Tafel VIII

1. Versuchen Sie zu erklären, warum für membrum ruptum die Talionsstrafe, für os fractum hingegen eine fixe Geldbuße vorgesehen ist. Beachten Sie, daß Talion nicht zwingend vorgeschrieben wird.
2. In der späteren lex Aquilia (s. Einl. vor Stück 27) wird die Körperverletzung an einem Sklaven wie die Beschädigung einer beliebigen anderen Sache (z. B. Pferd, Glasbecher) behandelt: Der Täter wird auf Zahlung des Wertes der Sache verurteilt. Vergleichen Sie damit die Regelung der Zwölf Tafeln. Was sagt der Satz VIII, 3 über die Rechtsstellung des Sklaven aus?

2. Der Rechtsquellenkatalog des Gaius

Gaius, Institutionen 1, 1-7

A

(1) quod ... ius ... id ≙ id ius, quod; sog. rel. Inversion **proprium** "eigen" **quasi** "gleichsam", "sozusagen", typisches Einleitungswort für eine etymologische Erklärung **naturalis ratio** "natürliche Vernunft", "natürliche Ordnung" **quasi quo iure** ≙ quasi ius, quo **quae - sint** indir. Fragesatz, eingeleitet mit qualia; quae (sc. iura) ist rel. Anschluß **suis locis** "an jeweils passender Stelle", prägnanter Gebr. des Poss.-Pron.
(2) plebiscitis "Volksentscheid", von plebiscitum, i, n.; davon der Ausdruck "plebiszitäre Demokratie" für eine Staatsform, in der Volksbefragungen und -abstimmungen eine besonders große Rolle spielen, wie z. B. in der Schweiz **constitutionibus principum** "kaiserliche Anordnung", "kaiserliche Verfügung" (Oberbegriff für alle kaiserlichen Rechtssetzungsakte) **edictis** "Verordnung", "Erlaß" **responsis prudentium** "Gutachten der Rechtsgelehrten", zu prudentium erg. iuris (vgl. 'Jurisprudenz')
(3) iubet atque constituit "anordnen und festsetzen"; Hendiadyoin **eo distat, quod** "sich darin unterscheiden, daß"; eo ist abl. instr. **connumeratis ... patriciis** "unter Einbeziehung ..." **et** ≙ etiam **unde** "und daher"; rel. Anschluß **teneri** "verpflichtet sein", "gebunden sein", mit abl. instr. **auctoritate** "Genehmigung", "Bekräftigung" **cautum est** "anordnen", "bestimmen" **legibus exaequata sunt** "mit den Gesetzen gleichstellen"; legibus ist Dat.-Obj.

(4) legis vicem "Gesetzeskraft" (wörtl.?) **optinet** ≙ obtinet **quaesitum** "in Frage stellen", "bestreiten", als Subj. ist 'dieser Umstand' zu erg.
(5) decreto "Urteil" (der heutige Begriff 'Dekret' bezeichnet hingegen eine Urkunde, mit der einer Person ein Amt übertragen wird) **imperium** "Hoheitsgewalt"
(6) amplissimum ius "umfassendste Rechtsaufzeichnung" **quorum - iurisdictionem** Reihung: quorum iurisdictionem in provinciis; iurisdictionem "Gerichtsbarkeit" **praesides** "Statthalter" **quaestores** Leiter der Finanzverwaltung und Stellvertreter des Provinzstatthalters **provincias Caesaris** "Provinzen unter kaiserlicher Verwaltung" (im Unterschied zu den provinciae populi Romani, die dem Senat unterstanden) **proponitur** "öffentlich aushängen"
(7) sententiae et opiniones Hendiadyoin **permissum est** sc. durch den Kaiser **iura condere** "Recht setzen", "Recht erzeugen" **quorum - concurrant** Reihung: si quorum (≙ eorum) omnium sententiae in unum concurrant; concurrant "übereinstimmen", coni. pot. **rescripto** "kaiserliche Entscheidung" **divi** "verstorben" (im Zusammenhang mit Kaisern verwendet, eigtl. 'unter die Götter aufgenommen') **significatur** "ausdrücken"

B

Gaius wirkte als Rechtslehrer ohne ius respondendi (s. Glossar S. 76). Seine Werke (etwa 20 Schriften zwischen 150 und 180 n. Chr.) dienten vorwiegend didaktischen Zwecken (leicht faßliche Darstellung des Stoffes), verzichteten aber auf Fallanalyse und Problemdiskussion. Gaius galt deshalb bei Kollegen und Nachfolgern nicht als zitierfähig. Seine bedeutende Leistung liegt auf dem Gebiet juristischer Systembildung. Die 'Institutiones' des Gaius (Anfängerlehrbuch in vier Büchern) haben durch Vermittlung Justinians bis in die Neuzeit Rechtsunterricht und Rechtskodifikationen entscheidend beeinflußt.

(1) legibus et moribus umfaßt das geschriebene (Gesetze) und das ungeschriebene Recht (mores maiorum, Gewohnheitsrecht). **ius civile** Die Geltung des ius civile wird ausnahmsweise durch besondere Verleihung, etwa des commercium (Fähigkeit, Rechtsgeschäfte wie den förmlichen Eigentumsübertragungsakt 'mancipatio' abzuschließen, s. Textband S. 35) oder des conubium (Ehefähigkeit) auch auf Nichtrömer ausgedehnt. Ein Großteil des ius civile beruht auf mündlicher Überlieferung, dazu treten die Zwölf Tafeln als erste umfassende Rechtsaufzeichnung und ihre interpretatio durch Juristen, sowie einzelne spätere leges und senatus consulta. **ius gentium** Das ius gentium beruht auf Bedürfnissen des internationalen Handelsverkehrs. Es verzichtet auf altrömischen Wortformalismus und läßt auch gewisse formlose, an keine bestimmte schriftliche oder mündliche Ausdrucksform gebundene Vereinbarungen gelten, die kraft der bona fides (Treu und Glauben) verbindlich sein sollen. Das ius gentium ist trotz der Hinweise römischer Juristen auf seine "Allgemeingültigkeit" kein fremdes, sondern römisches Recht, das ab 242 v. Chr. vom praetor peregrinus (s. Glossar S. 78) entwickelt wird und wegen seiner Einfachheit und Zweckmäßigkeit bald auch auf Rechtsverhältnisse unter römischen Bürgern Anwendung findet.

(2) constant - prudentium Gaius zählt die Entstehungsquellen des römischen Rechts auf, die er in der Folge einzeln erläutert. Interessanterweise fehlt in seinem Rechtsquellenkatalog ein ausdrücklicher Hinweis auf das Gewohnheitsrecht. Die klassischen Juristen haben keine Theorie des Gewohnheitsrechts entwickelt. Wenn sie auf den Ursprung eines Rechtssatzes in den mores oder im mos maiorum (s. Glossar S. 77) hinweisen, so bezeichnen sie damit seine historische Herkunft, nicht seinen gegenwärtigen Geltungsgrund.

(3) lex Das römische Gesetz (lex publica, lex rogata) wird auf Antrag eines Magistrats (meist eines Konsuls) in der Volksversammlung, (d. h. in den nach Zenturien oder später auch nach tribus gegliederten comitia) beschlossen. Dem Gesetzesantrag (rogatio) geht häufig eine Beratung im Senat voraus. Das beschlossene Gesetz trägt den Namen des Antragstellers, Doppelnamen bezeugen eine gemeinsame Antragstellung beider Konsuln.

lex Hortensia Eine lex Hortensia vom Jahr 286 v. Chr. verfügt, daß hinfort auch Beschlüsse der plebs, die sog. Plebiszite, die von den Volkstribunen (tribuni plebis) in den Versammlungen der plebs beantragt werden, für das Gesamtvolk (populus, d. h. Patrizier und Plebejer) verbindlich sind. Die plebiscita werden seither auch als leges bezeichnet.

(4) senatus consultum Mit der Errichtung der Monarchie durch Augustus (27 v. Chr.) gerät die Einberufung von Volksversammlungen außer Übung. Nachdem noch vereinzelt legislative Maßnahmen als leges rogatae erlassen worden sind (vgl. die Ehegesetze des Augustus: lex Iulia de maritandis ordinibus 18 v. Chr., lex Papia Poppaea 9 n. Chr., zu diesen leges s. Stück 11), wird der Senat gegen Ende des 1. Jhdts. n. Chr. als ordentlicher Gesetzgeber betrachtet. In der Republik hatte der Senat in wichtigen politischen Angelegenheiten Empfehlungen an Magistrate (insbesondere an die Konsuln) gerichtet. Solche senatus consulta waren zwar rechtlich unverbindlich, ihre Befolgung konnte allerdings angesichts der sozialen Autorität und politischen Macht des Senats - dem neben den Oberhäuptern der patrizischen Adelsgeschlechter auch die ehemaligen Magistrate angehörten - de facto nicht verweigert werden. Im Prinzipat (s. Glossar S. 78) geht die politische Willensbildung den umgekehrten Weg: Der Prinzeps trägt seine Wünsche an den Senat heran, der diese als senatus consulta formalisiert. Damit setzt sich die Auffassung durch, daß ein Senatsbeschluß gesetzesgleiche Wirkung habe.

(5) constitutio principis - epistula Neben der Weiterentwicklung des Privatrechts durch senatus consulta und Edikte der Jurisdiktionsmagistrate (s. zu 1,6) treten im Prinzipat in zunehmendem Maße Formen unmittelbarer

Rechtserzeugung durch den Kaiser, sog. *Kaiserkonstitutionen* (constitutiones principis) in Erscheinung. Constitutio principis ist der Oberbegriff für edicta, decreta und rescripta. Kraft seines eigenen magistratischen imperium (Hoheitsgewalt) erläßt der Prinzeps selbst *edicta*, in denen er generelle Regelungen (Verordnungen) auf allen Rechtsgebieten trifft. Der Kaiser ist auch persönlich als Richter in Zivil- und Strafprozessen tätig. Die von ihm gefällten Urteile werden als *decreta* bezeichnet.

Die wichtigste Erscheinungsform kaiserlicher Rechtsschöpfung ist das *rescriptum*. In diesem entscheidet der Kaiser auf schriftliches Ersuchen einer Partei (mittels libellus) oder auf Anfrage einer Behörde (mittels epistula) einen streitigen Rechtsfall. Die kaiserliche Entscheidung der Rechtsfrage ist für den Richter verbindlich, wenn dieser im Beweisverfahren die Tatsachenbehauptungen des Klägers geprüft und für richtig befunden hat. Während Trajan noch keine Reskripte an Privatpersonen erließ (vgl. jedoch seine epistulae an Plinius den Jüngeren), gewährten die Kaiser ab Hadrian in steigendem Maß verbindliche Rechtsauskünfte auch auf Grund privater Anfragen. Im Unterschied zum allgemeingültigen Edikt ist das Reskript eine Entscheidung für den Einzelfall.

(6) ius ... edicendi Anders als im modernen Recht liegt das Schwergewicht der römischen Privatrechtsentwicklung nicht bei der Gesetzgebung, sondern bei den Edikten der Gerichtsmagistrate (das sind insbesondere die Prätoren, kurulischen Ädilen und Provinzstatthalter) und bei der Gutachtertätigkeit der Juristen (s. zu 1,7), die den Prätor, den iudex und die Prozeßparteien beraten.

Kraft seines imperium hat der Prätor das ius edicendi, das Recht, allgemeinverbindliche Anordnungen zu erlassen. Besondere Bedeutung hat jenes umfassende Edikt, das der Prätor zu Beginn seines Amtsjahres verkündet. Er erklärt darin, nach welchen Grundsätzen er die Gerichtsbarkeit auszuüben und welche konkreten Mittel der Rechtsdurchsetzung (Klagen, Einreden - s. Glossar S. 74: exceptio - usw.) er zu gewähren gedenkt. Das Edikt ist das Produkt sorgfältiger Arbeit juristischer Berater, das jeder Prätor weitgehend unverändert von seinem Amtsvorgänger übernimmt.

Kaiser Hadrian beauftragte um 130 n. Chr. den Juristen Salvius Iulianus mit der abschließenden Redaktion des prätorischen Edikts (*edictum perpetuum*). Der Prätor konnte ab diesem Zeitpunkt das Edikt nicht mehr verändern, insbesondere keine neuen Klagen oder Einreden schaffen. Die Rechtsentwicklung ging von diesem Zeitpunkt an zur Gänze in die Hände des Kaisers und seiner Rechtsberater über.

edictis aedilium curulium Neben dem Prätor erließen auch die kurulischen Ädilen und die Provinzstatthalter Edikte bezüglich der Ausübung ihrer Gerichtsbarkeit. Die kurulischen Ädilen führten die Aufsicht über den Sklaven- und Viehmarkt und stellten in diesem Rahmen dem Käufer mangelhafter

Ware Klagen zur Verfügung (s. Stücke 36-38). Die Edikte der Provinzstatthalter waren an die Edikte der Prätoren angelehnt.

(7) responsa prudentium Die Ursprünge der römischen Rechtswissenschaft liegen beim (patrizischen) Priesterkollegium der pontifices. Dieses Kollegium erteilte Auskünfte über das geltende ius civile und bewahrte durch lange Zeit die Geschäfts- und Klageformeln als Geheimwissen.

Auch nach ihrer späteren Verweltlichung ist die Jurisprudenz ein Monopol der Senatsaristokratie geblieben. Die Beschäftigung mit Fragen des Privatrechts ist jedoch kein Beruf im modernen Sinn: Rechtsberatung wird unentgeltlich erteilt, kann sich allerdings als Vertrauens- und Stimmkapital im politischen Machtkampf, insbesondere bei der Bewerbung um die höchsten Staatsämter (Prätur und Konsulat) bezahlt machen.

Die juristische Tätigkeit wird mit den drei Verba *agere* (Beistand im Prozeß), *cavere* (Abfassung von Verträgen, Testamenten und anderen Rechtsgeschäften, sog. Kautelarjurisprudenz) und *respondere* (Erteilung von Rechtsgutachten) umschrieben. Die wichtigste Rolle spielt der Jurist als Berater des Prätors, des iudex und der Prozeßparteien, wobei ihm seine soziale und fachliche Autorität eine Schlüsselstellung in der Erläuterung und Weiterbildung der Rechtsordnung einräumt. Formell stellt sein responsum nur eine unverbindliche Rechtsauskunft dar, de facto enthält es die endgültige Entscheidung des anhängigen Rechtsfalls.

permissum - iura condere Kaiser Augustus hat einigen Juristen das Recht verliehen, in seinem Namen responsa zu erteilen (*ius respondendi ex auctoritate principis*). Darin ist wohl eine Übertragung kaiserlicher Rechtssetzungsbefugnis (*iura condere*) zu erblicken.

C

1. Der Rechtsquellenkatalog des Gaius stammt aus der Mitte des 2. Jhdts. n. Chr. Cicero bietet in seiner rhetorischen Schrift 'Topica' (5,28) folgende Aufzählung: Ius civile ... id esse, quod in legibus, senatus consultis, rebus iudicatis, iuris peritorum auctoritate, edictis magistratuum, more, aequitate consistat. Vergleichen Sie die beiden Listen und versuchen Sie, die Abweichungen zu erklären.
2. Der Jurist Florentinus schreibt in D 1,5,4,1: "Servitus est constitutio iuris gentium, qua quis dominio alieno contra naturam subicitur." Überlegen Sie, was diese Feststellung für das Verhältnis von ius gentium und ius naturale bedeuten könnte, und vergleichen Sie damit die Position des Gaius.

3. Ius und iustitia

D 1,1,1 pr. und 1 (Ulpian im ersten Buch seiner Institutionen);
D 1,1,10 (Ulpian im ersten Buch seiner Rechtsregeln)

A

D 1,1,1

(pr.) iuri operam daturum "sich um das Recht bemühen", "das Recht pflegen" **daturum ... nosse** AcI, von oportet abh. **descendat** "herkommen", "abstammen" (wörtl.?) **ars** "Kunstfertigkeit", "schöpferische Lehre"

(1) cuius erg. artis, von sacerdotes abh. **quis** ≙ aliquis **appellet** coni. pot. **notitiam profitemur** "die Kenntnis lehren"; von notitia stammt das Fremdwort 'Notiz' (z. B. von jemandem Notiz nehmen ≙ jemanden zur Kenntnis nehmen) **aequum ... separantes, licitum ... discernentes, bonos ... cupientes, veram ... affectantes** Parallelismus **bonos ... efficere** "(die Menschen) gut machen" **poenarum** gen. obi. **verum etiam ... quoque** Pleonasmus **fallor** med.-pass., im Dt. mit Reflexivform zu übers. **affectantes** "nach etwas streben"

D 1,1,10

(pr.) constans "beständig", "beharrlich" **tribuendi** Gerundium, von voluntas abh.

(2) iusti, iniusti gen. obi.

B

Die Mitglieder der Digestenkommission Justinians, die sog. Kompilatoren (s. Glossar S. 73: Digesten) exzerpierten 9142 Fragmente aus 2000 Büchern (libri) klassischer Juristenschriften und verteilten diese auf 50 Bücher (libri) und innerhalb dieser auf 430 'Titel' (inhaltliche Einheiten). In Anlehnung an klassische Werktitel erhielt die Sammlung den Namen ***Digesten*** *bzw. Pandekten (lat. 'Digesta', gr. 'Pandektai'). Die Digesten enthalten Exzerpte aus den Werken von 39 Juristen. Sie wurden 533 n. Chr. verlautbart und sollten an den Rechtsschulen unterrichtet sowie von den Richtern im ganzen Reich als Gesetz angewendet werden. Gleichzeitig verlor das in ihnen nicht berücksichtigte Juristenrecht seinen Geltungsanspruch in Unterricht und Praxis.*

Der Spätklassiker (s. Glossar S. 76: klassische Juristen) ***Ulpian*** *(Domitius Ulpianus) war Schüler* ***Papinians*** *(s. Stück 12). Er war Mitglied des kaiserlichen Consilium (s. Glossar S. 73) und bekleidete unter Alexander Severus das Amt des praefectus praetorio (s. Glossar S. 78). Aus seinen Lehrbüchern 'Institutiones' und 'Regulae' (sieben Bücher) sind nur wenige Fragmente überliefert. Ulpians Hauptwerke sind Kommentare zum prätorischen Edikt (83 Bücher) und zum 'Ius civile' des Sabinus. Die Kompilatoren haben Ulpians Arbeiten stärker als alle anderen Klassikerschriften herangezogen: Fast ein Drittel der Digesten stammt aus seinem Werk.*

Zu dem von Ulpian zitierten ***Celsus*** *s. Komm. B zu Stück 26.*

(D 1,1,1 pr.) Celsus definit Die Rechtsdefinition des Celsus ist nicht selbstverständlich. Zwar betrachten Rhetoren und Philosophen wie Cicero das bonum et aequum als Bestandteil des Rechts, für Juristen stellt es jedoch eine ethische Wertordnung außerhalb des ius dar. Die Formulierung des Celsus hat also eher programmatischen als beschreibenden Charakter: Sie klingt noch für den Spätklassiker Ulpian provokant, und er sieht gerade darin ihre Eleganz. Für römische Juristen soll sich zwar das Recht an Gerechtigkeitsvorstellungen orientieren, diese sind jedoch nur dann rechtsverbindlich (und unterliegen Sanktionen durch die Rechtsordnung), wenn eine Rechtsvorschrift ausdrücklich auf sie verweist: Eine solche verpflichtet z. B. den Ehemann, das Heiratsgut der Frau nach Auflösung der Ehe gemäß den Grundsätzen des bonum et aequum herauszugeben. Nur ausnahmsweise korrigieren die römischen Juristen unter ausdrücklicher Berufung auf aequitas oder verwandte Wertvorstellungen Härten des ius civile. **boni et aequi** Bonum bezeichnet die Redlichkeit, das Verhalten eines anständigen Römers (vir bonus, bonus pater familias), aequum bedeutet Gleichheit, Gerechtigkeit in der differenzierten Betrachtung des Einzelfalles.
(1) sacerdotes ... colimus Der Jurist sieht in seiner Tätigkeit eine geradezu priesterliche Funktion, nämlich der Idee der Gerechtigkeit (göttlichen Ursprungs: vgl. Cicero, De legibus, in Römische Philosophie, ORBIS LATINUS Bd. 12, Stück 20) zu dienen. Das Recht unterliegt ethischen Anforderungen.
(D 1,1,10 pr.) iustitia - tribuendi Die Aufgabe des Rechts (jener Vorschriften wie Gesetze, Urteile usw., die das menschliche Zusammenleben regeln) ist grundsätzlich die Verwirklichung einer gerechten Ordnung.
(1) iuris praecepta Darunter versteht Ulpian Prinzipien, Richtlinien, in denen ethische Anforderungen an das Recht gestellt werden, die vom Gesetzgeber, Prätor und Juristen zu konkretisieren und umzusetzen sind. **honeste vivere** Der röm. Klassiker Paulus schreibt (D 50,17,144): non omne, quod licet, honestum est, d. h., es gibt Verhaltensweisen, die nicht rechtlich verboten, aber unmoralisch, verwerflich sind. Recht und Moral (Ethik) sind nicht identisch, nicht alle ethischen Gebote werden mit rechtlichen Mitteln durchgesetzt, und nicht alle Rechtsvorschriften entsprechen ethischen Maßstäben. Grundsätzlich soll das Recht jedoch eine von ethischen Werten geprägte Lebensordnung garantieren. **suum cuique tribuere** Rechtsvorschriften dürfen nicht beliebigen Inhalt haben, sie unterliegen dem Gebot der Sachgerechtigkeit. Ein wesentlicher Aspekt der Gerechtigkeit ist das Gleichheitsgebot, wonach in sachlicher Differenzierung Gleiches gleich, Ungleiches ungleich zu behandeln ist.

C

1. Welche Aspekte der Beschäftigung mit dem Recht könnten jeweils als "Handwerk", "Kunst" oder "Wissenschaft" bezeichnet werden?
2. Würde Ulpian ungerechte Vorschriften als Recht (ius) bezeichnen?

4. Ius publicum und ius privatum

D 1,1,1,2 (Ulpian im ersten Buch seiner Institutionen)

A

studii "Lehre" **positiones** "Bereich" **ad ... spectat** "sich beziehen auf" **statum** "rechtlicher Zustand" **in sacris ... consistit** "betrifft ... religiöse Belange" **publice, privatim** "im öffentlichen ... im privaten Bereich" **naturalibus praeceptis** "naturgegebene (ethische) Vorschriften" **gentium** ≙ iuris gentium (sc. praeceptis) **civilibus** "im bürgerlichen Recht (ius civile) begründet", "aus dem ... kommend" (zu ius civile s. Glossar S. 75)

B

Zu Autor und Werk s. Komm. B zu Stück 3.
in sacris Das römische Sakralrecht (ius sacrum) regelt Fragen des Opfer- und Begräbnisrituals. Die republikanischen Juristen Servius Sulpicius und Trebatius haben Werke über diesen Rechtsbereich verfaßt. **in sacerdotibus** Verschiedene römische Priesterkollegien waren für spezielle Aufgaben zuständig, die auch den Rechtsbereich betrafen: *augures* deuteten den Willen der Götter aus dem Vogelflug, sie waren vor allen wichtigen öffentlichen Ereignissen, insbesondere vor der Einberufung der Volksversammlung, zu befragen; *fetiales* waren in den Abschluß und in die Überwachung von Bündnissen und anderen internationalen Verträgen eingebunden und wirkten an der offiziellen Kriegserklärung mit; *pontifices* waren ursprünglich für alle Rechtsfragen zuständig, doch wurden sie im Zuge der Verweltlichung der röm. Rechtswissenschaft und des Juristenstandes im Laufe der Republik auf die Pflege des Sakralrechts beschränkt. **in magistratibus** s. Glossar S. 76: Magistrat.

C

Versuchen Sie, folgende Rechtsverhältnisse dem römischen ius publicum oder ius privatum zuzuordnen:
Eheschließung eines Prätors mit einer Römerin; Annahme von Bestechungsgeld durch einen Provinzstatthalter; der Römer Titius tötet einen Sklaven des Römers Seius; ein Römer bestiehlt einen anderen Römer.

Personen- und Familienrecht

5. Freie, Freigelassene, Sklaven

D 1,5,5 (Marcian im ersten Buch seiner Institutionen)

A

una est condicio "gibt es nur eine einzige rechtliche Lage" **liberorum ... hominum** gen. part. **ingenui** "Freigeborener" **libertini** "Freigelassener" **dominium** "Eigentum" (eigtl. 'Bereich, über den man als dominus verfügen kann') **ad pretium participandum** "um am Verkaufspreis teilzuhaben" **venire** "zum Verkauf gelangen", "verkauft werden"; von veneo (Kompositum aus dem Supinum venum 'zum Kauf' und ire) **sufficit** "genügen" **liberam** erg. eam **nascitur** gedachtes Subj. ist ingenuus **licet** ≙ quamquam, hier ugs. mit Ind. (klass. mit Konj.) **ancilla** präd. **concepit** "ein Kind empfangen", "schwanger werden" **libera, ancilla** präd. **placuit** "juristisch anerkannt sein"; Zustandspf. **interest** "einen Unterschied machen", "darauf ankommen" **iustis - vulgo** erg. davor utrum; die Einleitungspartikeln in Doppelfragen fehlen in jurist. und ugs. Texten häufig; ugs. mit Ind. statt mit Konj. **iustis nuptiis** "rechtsgültige Ehe" **vulgo** "außerehelich", Adv.; s. Komm. B **calamitas** "mißliche Lage" **quaesitum est** "fraglich sein", "zweifelhaft sein" **praegnas** ≙ praegnans; das n in der Endung war nur als Nasalierung des vorangehenden Vokals hörbar (ähnl. dem Frz.) und wurde daher in der Schreibung mitunter weggelassen **manumissa** "freilassen" **civitate** abl. sep., von expulsa abh.; s. Komm. B **liberum - pariat** von quaesitum est abh. indir. Doppelfrage ohne Einleitungspartikel, ugs. **rectius probatum est** "für richtiger befinden" **vel medio tempore** "wenn auch nur in der Zwischenzeit", "wenn auch nur kurzfristig"

B

Marcian (Aelius Marcianus) gehört der letzten Generation der Klassik an. Sein Hauptwerk sind umfangreiche 'Institutiones' (16 Bücher).

una est condicio Unter Sklaven mag es zwar soziale Differenzierungen gegeben haben (so wird ein gebildeter Arzt oder Hauslehrer von seinem Eigentümer sicher anders geachtet und behandelt worden sein als der im ergastulum, der Sklavenkaserne, gehaltene Plantagenarbeiter), rechtlich gibt es jedoch unter Sklaven keine Unterscheidungen. **iure civili** s. Glossar S. 75. **maior viginti annis** Mit Erlangung der Geschlechtsreife (so die Auffassung der Sabinianer) bzw. mit 14 Jahren (so die der Prokulianer, zu beiden Rechtsschulen s. Komm. B zu Stück 9: Cassiani ... Proculeiani) ist ein männlicher Römer grundsätzlich voll geschäfts- und deliktsfähig. Für die schwerwiegende Rechtsfolge der strafweisen Versklavung eines Römers wurde ein höheres Mindestalter festgelegt. **ad pretium participandum** Wenn sich ein Freier von einem Komplizen als Sklave verkaufen läßt, um sodann gerichtlich seine Freiheit geltend zu machen, bleibt er zur Strafe Sklave. **iure gentium** s. Glossar S. 76. **vulgo** Als vulgo conceptus oder vulgo quaesitus wird das uneheliche Kind bezeichnet; mit dieser Formulierung wird der Mutter unterstellt, sie könne auf Grund wechselnder geschlechtlicher Beziehungen den Vater nicht angeben. **ancilla postea facta** Im Falle groben Undanks eines Freigelassenen (z. B. Beleidigung, Vernachlässigung des Patrons im Not- oder Krankheitsfall) konnte der Patron die manumissio widerrufen (revocatio in servitutem). Auch eine strafrechtliche Verurteilung zum Tod, zur Bergwerksarbeit oder zum Tierkampf in der Arena zog automa-

tisch die Versklavung nach sich (servus poenae). **expulsa civitate** Die Strafe der Verbannung (deportatio, exilium) bewirkte normalerweise den Verlust des Vermögens und des Bürgerrechts, in Einzelfällen aber auch den Verlust der Freiheit. **rectius** weist, wie schon vorher quaesitum est, auf eine Kontroverse hin, in der sich die Begünstigung der Freiheit gegenüber engeren Auffassungen durchgesetzt hat.
Vgl. dazu § 16 ABGB (s. Glossar S. 72):
"Jeder Mensch hat angeborene, schon durch die Vernunft einleuchtende Rechte, und ist daher als eine Person zu betrachten. Sklaverei oder Leibeigenschaft, und die Ausübung einer darauf sich beziehenden Macht wird in diesen Ländern nicht gestattet."

C

Zu welchem Zeitpunkt muß die Mutter frei sein, damit ihr Kind als Freie(r) geboren wird?

6. Patria potestas

Codex Iustinianus 8,46,3 (Kaiser Alexander [Severus] an A. Artemidorus)

A

adquisitas tibi "für dich erworben" (s. Glossar S. 77: patria potestas) **alienare** "veräußern", "in jemandes anderen Eigentum übertragen" **potuit** Pf. zum Ausdruck der Allgemeingültigkeit (einer Erfahrungstatsache), sog. gnomisches Pf., im Dt. Praes. **agnoscit** "anerkennen" **artiore** "strenger" **usurus** "wobei du anwenden wirst" **contumacia** "Ungehorsam" **dicturo sententiam** "damit dieser ein Urteil spricht"; dicturo ist von praesidi abh. **volueris** fut. ex., vorzeitig zu dicturo

B

*Der **Codex Iustinianus** besteht aus 12 Büchern, die ähnlich wie die Digesten in Sachtitel unterteilt sind. Innerhalb dieser folgen die Kaiserkonstitutionen (s. Glossar S. 73: constitutio principis) chronologisch aufeinander. Von den mehr als 4600 Konstitutionen stammt die älteste von Hadrian, etwa 880 von den Severerkaisern (von Septimius Severus begründete Herrscherdynastie, zwischen 193 und 235), 1200 von Diokletian (284-305), 400 von Justinian. Sie beginnen jeweils mit einer inscriptio (Name des Kaisers und des Adressaten) und enden mit einer subscriptio (Ort und Datum).*
*Unter **Alexander Severus** (222-235) wirkten die großen spätklassischen Juristen Paulus und Ulpian (gest. 228) als praefecti praetorio (s. Glossar S. 78). Für die Abfassung zahlreicher Reskripte (s. Glossar S. 79) in der kaiserlichen Kanzlei (von denen mehr als 400 im Codex Iustinianus überliefert sind) waren wahrscheinlich die Juristen Modestinus und Marcianus verantwortlich.*
alienare non potuit Der unter patria potestas stehende 'Haussohn' (filius familias) kann Sachen, die seinem Vater gehören, nicht ohne dessen Erlaubnis

an andere veräußern (Regel: Nemo plus iuris ad alium transferre potest, quam ipse habet). **pietatem patri debitam** Der Sohn, der gegen den Willen des Vaters dessen Sachen veräußert, läßt den schuldigen Respekt gegenüber dem Vater vermissen. **si (in) - volueris** Wenn sich der Vater selbst gegenüber seinem Sohn nicht durchzusetzen vermag, kann er sich an die Staatsgewalt wenden. Der Provinzstatthalter hat die vom Vater gewünschte Strafe über den Sohn zu verhängen. **oblatum** Vom PPP zu offerre 3., oblatus, "dargebracht", leitet sich das Fremdwort 'die Oblate' her, urspr. das als Opfer dargebrachte geweihte Brot zur Kommunionspendung, dann - unter Verlust der liturgischen Bedeutung - jedes sehr dünne Gebäck bzw. jede Gebäckunterlage.
Vgl. dazu § 146a ABGB (eingefügt 1989):
"Das minderjährige Kind hat die Anordnungen der Eltern zu befolgen. Die Eltern haben bei ihren Anordnungen und deren Durchsetzung auf Alter, Entwicklung und Persönlichkeit des Kindes Bedacht zu nehmen; die Anwendung von Gewalt und die Zufügung körperlichen oder seelischen Leides sind unzulässig."
Aufgehoben wurden die Regelungen des ABGB aus 1812:
§ 91 ABGB (alt):
"Der Mann ist das Haupt der Familie. In dieser Eigenschaft steht ihm vorzüglich das Recht zu, das Hauswesen zu leiten."
§ 145 ABGB (alt):
"Die Eltern sind berechtiget, vermißte Kinder aufzusuchen, entwichene zurückzufordern, und flüchtige mit obrigkeitlichem Beistande zurückzubringen; sie sind auch befugt, unsittliche, ungehorsame oder die häusliche Ordnung und Ruhe störende Kinder auf eine nicht übertriebene und ihrer Gesundheit unschädliche Art zu züchtigen."

C

1. Bewirkt die Entscheidung des Kaisers Alexander Severus eine Stärkung oder eine Schwächung der patria potestas?
2. Vergleichen Sie die Rechtsstellung des römischen pater familias gegenüber seinen Kindern mit den Vorschriften des ABGB in den Fassungen von 1812 und 1977. Können Sie eine Entwicklungslinie erkennen?

7. Eheliche und uneheliche Kinder

D 1,5,12 (Paulus im 19. Buch seiner Rechtsgutachten);
D 38,16,3,11 (Ulpian im 14. Buch seines Kommentars zum Werk des Sabinus über das 'ius civile');
D 1,5,19 (Celsus im 29. Buch seiner Digesten)

A

perfectum partum "lebensfähiges Kind" **receptum est** "anerkennen", "billigen" **post decem menses mortis** erg. patris, "zehn Monate nach dem Tod des

Vaters" **admittetur** "zulassen" **patrem ... sequuntur** "folgen", gemeint ist 'die Rechtsstellung des Vaters erlangen' **vulgo quaesitus** "unehelich gezeugt", "unehelich empfangen"; zur Bedeutungsentwicklung s. Komm. B zu Stück 5

B

Der spätklassische Jurist ***Paulus*** *(s. Glossar S. 76: klassische Juristen) war Schüler Papinians und gehörte dem Consilium (s. Glossar S. 73) des Kaisers Septimius Severus (193-211) an. Unter Alexander Severus (222-235) erreichte er als praefectus praetorio das höchste kaiserliche Amt. Neben seiner gewiß schwierigen und zeitraubenden Amtstätigkeit war er ebenso wie Ulpian ein erstaunlich produktiver juristischer Schriftsteller. Seine 'Libri ad edictum' (Kommentar zum prätorischen Edikt, s. Glossar S. 74) z. B. waren ein Monumentalwerk von 80 Büchern, in dem die Fallentscheidungen klassischer Juristen kritisch gesammelt, gesichtet und unter einigermaßen systematischen Gesichtspunkten dargestellt wurden. Die 'Responsa' des Paulus (23 Bücher) folgen dem üblichen Schema: 1. Sachverhalt, 2. Rechtsfrage (quaero oder quaesitum est), 3. Entscheidung des Juristen (eingeleitet durch "Paulus respondit"). Im vorliegenden Fall ist nur die Entscheidung überliefert.*
Zu ***Ulpian*** *s. Komm. B zu Stück 3. Seine 'Libri ad Sabinum' sind ein Kommentar zum ius civile, wie es vom Juristen Sabinus in einem dreibändigen Lehrbuch dargestellt worden war.*
Zu ***Celsus*** *s. Komm. B zu Stück 26.*
Hippocratis Hippokrates von Kos, der berühmteste gr. Arzt der Antike (ca. 460-377 v. Chr.) **credendum est** Es handelt sich um eine (widerlegbare) Vermutung der Vaterschaft, entsprechend der Regel 'mater semper certa est, pater est, quem nuptiae demonstrant'. **legitimam hereditatem** Wenn der pater familias kein Testament errichtet hat, gilt die gesetzliche Erbfolge der Zwölf Tafeln. Nach dieser erben in erster Linie jene Familienangehörigen, die durch den Tod des pater familias 'gewaltfrei' werden (sog. sui heredes). Dazu wird auch der postumus (Nachgeborene, d. h. nach dem Tod des Vaters Geborene) gezählt, s. Stück 8.
Vgl. dazu § 138 Abs. 1 ABGB:
"Wird ein Kind nach der Eheschließung und vor Ablauf des 302. Tages nach Auflösung oder Nichtigerklärung der Ehe seiner Mutter geboren, so wird vermutet, daß es ehelich ist."
§ 156 Abs. 1 ABGB:
"Der Ehemann der Mutter kann die Ehelichkeit des Kindes binnen Jahresfrist bestreiten."

C

1. Titia vollzieht die Scheidung von Seius und heiratet zwei Monate später Maevius. Nach weiteren sieben Monaten gebiert sie einen Sohn. Wer gilt als Vater?

2. Titia lebt mit Seius in kinderloser Ehe. Seius stirbt ohne Testament. Elf Monate später gebiert Titia einen Sohn. Hat dieser ein Erbrecht gegenüber Seius?

8. Rechte der Leibesfrucht

D 1,5,7 (Paulus in seiner Abhandlung über die Vermögensanteile, die den Kindern Verurteilter überlassen werden)

[A]

perinde ac "ebenso wie" **in rebus humanis** "auf der Welt" **custoditur** "schützen" **quotiens - quaeritur** "soweit es sich um die Vorteile der Leibesfrucht selbst handelt" **quamquam** "jedoch"; am Beginn eines Hpts. **alii** Dat. von alius **nequaquam** "keineswegs", "überhaupt nicht", Adv.

[B]

*Zu **Paulus** s. Komm. B zu Stück 7; zum Werktitel: Das Vermögen von strafgerichtlich zum Verlust von Leben, Freiheit oder Bürgerrecht Verurteilten (bona damnatorum) ist dem Staat anheimgefallen. Kaiserliche Entscheidungen haben jedoch häufig den Kindern der Verurteilten eine bestimmte Quote des Vermögens belassen.*

perinde - esset Hier liegt eine sog. juristische Fiktion vor: Die Juristen gehen so vor, als ob das Kind bereits geboren wäre. Wird das Kind allerdings später nicht lebend geboren, so fällt auch die Fiktion wieder weg. **alii - prosit** Die Fiktion sollte nur dem Kind selbst Vorteile bringen, nicht aber anderen Personen.

Vgl. dazu § 22 ABGB:

"Selbst ungeborne Kinder haben von dem Zeitpunkte ihrer Empfängnis an einen Anspruch auf den Schutz der Gesetze. Insoweit es um ihre und nicht um die Rechte eines Dritten zu tun ist, werden sie als Geborne angesehen; ein totgebornes Kind aber wird in Rücksicht auf die ihm für den Lebensfall vorbehaltenen Rechte so betrachtet, als wäre es nie empfangen worden."

[C]

Ein senatus consultum (s. Glossar S. 79) aus der Regierungszeit Hadrians verfügt, daß eine Mutter, die drei Kinder geboren hat, für sich selbst erbrechtliche Begünstigungen erlangt. Kann sich eine schwangere Frau, die ihr drittes Kind erwartet, auf dieses Recht berufen?

9. Tutela impuberum

D 26,1,1 pr. (Paulus im 38. Buch seines Ediktskommentars);
Epitome Ulpiani 11,28

[A]

tutela "Vormundschaft" **vis ac potestas** Hendiadyoin **in capite libero** "über einen freien Menschen" **sua sponte** "selbständig" **data ac permissa** Hendiadyoin

tutela abl. sep. **masculi** subst. Adj. (davon das span. macho 'Mann'; vgl. 'maskulin') **habitu** "Aussehen" **(id est) qui - possit** konsek. Relativs. **generare** "zeugen" **eum** erg. puberem esse **in quem ... concurrit** "auf den ... zutrifft"

B

Zu ***Paulus*** *und seinen 'Libri ad edictum' s. Komm. B zu Stück 7.* ***Servius*** *Sulpicius Rufus (Konsul 51 v. Chr.) war einer der prominentesten und vielseitigsten Juristen der ausgehenden Republik.*

Die ***'Epitome Ulpiani'*** *ist ein Auszug aus einem nicht erhaltenen nachklassischen Unterrichtswerk. In diesem sind im 3. oder 4. Jhdt. vor allem Werke des Gaius, aber auch Schriften von Ulpian und Modestinus verarbeitet worden. Sie ist in einer Handschrift aus dem 10. Jhdt. in der vatikanischen Bibliothek überliefert und wird nach Titel und Paragraph zitiert.*

vis ac potestas In jurist. Texten häufige formelhafte Verbindung zweier Ausdrücke ähnlichen Inhalts, die einander gegenseitig verstärken sollen. **masculi** Zur Vormundschaft über Frauen s. Stück 11. **Cassiani ... Proculeiani** Im frühen Prinzipat haben sich in Rom zwei rivalisierende Rechtsschulen, die sog. Sabinianer und Prokulianer, gebildet, denen bis in die Mitte des 2. Jhdts. n. Chr. alle bedeutenden Juristen angehört haben. In der sabinianischen Rechtsschule wirkte auch der bekannte Jurist Cassius, nach dem die Sabinianer gelegentlich auch Cassianer genannt werden. Die Meinungsverschiedenheiten lassen sich zum Großteil auf unterschiedliche methodologische Grundauffassungen der beiden Schulen zurückführen. Während die Sabinianer eine stärkere Bindung an die Tradition erkennen lassen, zeigen die Prokulianer größere Bereitschaft zu Neuerungen. **Priscus** cognomen der Juristen Neratius (Prokulianer) und Iavolenus (Sabinianer); zu letzterem s. Komm. B zu Stück 17. **data ac permissa** s. zu vis ac potestas.

Vgl. § 21 ABGB:

"(1) Minderjährige und Personen, die aus einem anderen Grund als dem ihrer Minderjährigkeit alle oder einzelne ihrer Angelegenheiten selbst gehörig zu besorgen nicht vermögen, stehen unter dem besonderen Schutz der Gesetze.

(2) Unter Minderjährigen sind Personen zu verstehen, die das neunzehnte Lebensjahr noch nicht vollendet haben; inwieweit die Minderjährigkeit verlängert oder verkürzt werden kann, wird besonders bestimmt. Innerhalb der Gruppe der Minderjährigen sind unter Unmündigen diejenigen zu verstehen, die das vierzehnte, und unter Kindern diejenigen, die das siebente Lebensjahr noch nicht vollendet haben."

Das geltende österr. Recht läßt also die unbeschränkte Geschäftsfähigkeit erst mit 19 Jahren eintreten. Personen zwischen 14 und 19 können ohne Mitwirkung ihres gesetzlichen Vertreters nur kleinere Geschäfte des täglichen Lebens abschließen. Ansonsten steht der Schutz des Unmündigen im

Vordergrund: Auch wenn der Geschäftspartner der Meinung war, mit einem Mündigen einen Vertrag abzuschließen, ist das Geschäft ungültig. (Gibt ein 18jähriger allerdings vor, bereits geschäftsfähig zu sein, so hat er dem Partner des ungültigen Geschäftes den durch die Täuschung verursachten Schaden zu ersetzen).

C

Versuchen Sie, Argumente für jede der drei römischen Lösungen zu finden.

10. Haftung des Vormunds

D 27,3,1 pr. (Ulpian im 36. Buch seines Ediktskommentars)

A

cum mit konzess. Sinn **rationem reddet** "Rechnung legen", "Rechenschaft ablegen" **iudicio** "Klage" **praestando** "einstehen für", "haften für", davon abh. die Akk.-Objekte dolum, culpam und quantam ... diligentiam; praestando ist abl. modi des Gerundiums, ugs. einem part. praes. gleichwertig (ebenso im It.) **dolum** "Vorsatz", "böse Absicht" **culpam** "Fahrlässigkeit" **quantam - diligentiam** "dieselbe Sorgfalt wie in seinen eigenen Angelegenheiten"; zu quantam - rebus ist ‘adhibere solet’ zu erg.

B

Zu Autor und Werk s. Komm. B zu Stück 3.

dolum, culpam bezeichnet zwei Verschuldensgrade: dolus ist Vorsatz, böse Absicht, culpa bedeutet Fahrlässigkeit, Außerachtlassung der gebotenen Sorgfalt. **quantam - diligentiam** erläutert näher, welche Sorgfalt anzuwenden ist, um den Vorwurf von culpa zu vermeiden. Normalerweise messen römische Juristen den Schuldner am objektiven und abstrakten Standard eines bonus pater familias. Hier wendet Ulpian jedoch ausnahmsweise einen subjektiven Maßstab an, nämlich jene Sorgfalt, die der Beklagte in eigenen Angelegenheiten anzuwenden pflegt.

C

1. Die Haftung für diligentia quam in suis ist ein Privileg gegenüber dem strengeren Maßstab des bonus pater familias: Ein Vormund, der fahrlässig die Vermögensinteressen seines Mündels schädigt (etwa indem er verabsäumt hat, dessen Haus rechtzeitig reparieren zu lassen, sodaß dieses baufällig geworden ist), darf sich mit dem Hinweis entschuldigen, daß er auch in eigenen Angelegenheiten schlampig sei. Welche Bedenken kann man gegen eine solche Haftungserleichterung geltendmachen?
2. Für diligentia quam in suis haftet auch der Ehemann gegenüber der Ehefrau, etwa bezüglich der Herausgabe der Mitgift nach Auflösung der Ehe. Was haben die Pflichten des Vormunds und des Ehemannes gemeinsam, wie läßt sich der besondere Haftungsmaßstab in diesen Fällen erklären?

11. Tutela mulierum

Gaius, Institutionen 1,142-145; 190

A

(142) curatione "Pflegschaft", s. Komm. B **neutro iure tenentur** "in keinem dieser beiden Rechtsverhältnisse stehen"
(143) dispiciamus "untersuchen"
(144) liberis Subst., Dat.-Obj. zu dare **masculini ... sexus, feminini ... sexus** gen. qual., von einem zu ergänzenden liberis abh. **cuiuscumque aetatis sint** "in jedem Alter"; aetatis ist gen. qual., der Konj. in einem verallgemeinernden Relativs. ist ugs. (im It. erhalten) **veteres** ≙ maiores, Subst. **perfectae aetatis** "mündig" **animi levitatem** "Leichtsinn", "Unüberlegtheit"
(145) tantum "nur" **ex** "nach", "entsprechend" **exceptis - Vestalibus** abl. abs., mit Präp.-Obj. zu übers. **quas - voluerunt** AcI im Rel.-Satz **in honorem sacerdotii** "als Ausdruck der Achtung gegenüber dem Priesteramt" **itaque** ≙ et ita **cautum est** "verfügen"
(190) feminas - esse AcI, von suasisse abh. **pretiosa** "gewichtig", "einleuchtend" **ratio** "(vernünftiger) Grund", vgl. frz. raison, engl. reason **quae** sc. ratio **quia** "weil sie nämlich" **speciosa** "scheinbar", "vorgeschoben" **negotia tractant** "Geschäfte führen" **dicis gratia** "nur der Form halber", dicis ist Gen. des Subst. dix (zu dico 3.), das nur in dieser Redewendung gebräuchlich ist **interponit ... suam** "seine Genehmigung erteilen" **auctor fieri** "Zustimmung (zum Abschluß eines Rechtsgeschäftes) erteilen" (wörtl.?)

B

Zu Autor und Werk s. Komm. B zu Stück 2.

(142) Die Unterscheidung von Personen 'in potestate', 'in manu' und 'in mancipio' erörtert Gaius an anderer Stelle (Inst. 1,49 ff.). **curatione** (cura, curatela) ist die 'Pflegschaft' oder Sachwalterschaft über einen Geisteskranken (furiosus) oder Verschwender (prodigus). Auch mündige Minderjährige (minores XXV annis) können einen curator als Geschäftsbeistand erhalten.

(144) cum nuptae sint betrifft die sog. gewaltfreie Ehe, in der die Frau weiterhin in der patria potestas ihres Vaters oder eben, nach dessen Tod, in der Vormundschaft verbleibt. In der manus-Ehe scheidet sie aus der bisherigen Familie (und auch Vormundschaft) aus und fällt unter die 'Ehegewalt' ihres Mannes. **perfectae aetatis** bedeutet Mündigkeit, d. h. Geschlechtsreife oder Beendigung des 14. bzw. bei Mädchen des 12. Lebensjahres (s. Stück 9). **virginibus Vestalibus** Vestalinnen unterlagen weder der patria potestas noch der tutela mulierum. Bezüglich der Erfüllung ihrer religiösen Pflichten unterstanden sie der Disziplinargewalt der pontifices.

(145) lege Iulia et Papia Poppaea die zwei wichtigsten Gesetze des Augustus (aus 18 v. Chr. und 9 n. Chr.) zur Ehereform; sie werden oft gemeinsam ge-

nannt. Mit diesen Gesetzen wollte Augustus Ehescheu und Kinderlosigkeit bekämpfen: Alle Römer zwischen 25 und 60 (Frauen zwischen 20 und 50) sollten verheiratet sein, Ledige und Kinderlose erlitten erbrechtliche Nachteile, Kinderreiche wurden begünstigt. **iure liberorum** Freigeborene Römerinnen, die dreimal, freigelassene Frauen, die viermal geboren haben, erhalten in der Ehegesetzgebung des Augustus ein ius (trium bzw. quattuor) liberorum, das sie von der tutela mulierum befreit.
(190) nulla pretiosa ratio Gaius übt Kritik am geltenden Rechtszustand, auf den er als Lehrer ohne ius respondendi (s. Komm. B zu Stück 2, permissum - iura condere) keinen gestaltenden Einfluß hat. **in quibusdam causis** z. B. Veräußerung von res mancipi (wie Grundstücken, Sklaven, Großvieh), Testamentserrichtung, Erbschaftsantritt, Freilassung von Sklaven, Eingehung von Schulden. **a praetore cogitur** Die Zustimmung des Vormunds zur Testamentserrichtung wird vom Prätor nie erzwungen, zur Veräußerung von res mancipi und zum Eingehen von Schulden nur bei Vorliegen besonders gewichtiger Gründe.

Das geltende Recht stellt nur minderjährige Personen unter Vormundschaft, deren Eltern für sie nicht tätig werden können. Eine spezielle Vormundschaft über Frauen gibt es nicht.

C

1. In welchem Fall hat eine verheiratete Frau einen tutor?
2. Für welche der folgenden Geschäfte wird eine Frau vermutlich die Zustimmung ihres Vormunds benötigen: Kauf eines Sklaven, Annahme der Schenkung einer Perlenkette, Verpfändung eines Grundstücks, Aufnahme eines unverzinslichen Darlehens, Vermietung eines Pferdes? Welche Überlegungen könnten dieser 'Bevormundung' der Frau zugrundeliegen?

12. Rechtsstellung der Frau

D 1,5,9 (Papinian im 31. Buch seiner Rechtsfragen);
D 50,17,2 pr. (Ulpian im ersten Buch seines Kommentars zum Werk des Sabinus über das 'ius civile');
D 3,1,1,5 (Ulpian im sechsten Buch seines Ediktskommentars)

A

(D 1,5,9) articulis "einzelne Bestimmung", "Abschnitt" ('Artikel' ist bis heute juristischer term. tech.) **condicio** "Rechtsstellung"
(D 50,17,2 pr.) postulare "einen Antrag bei Gericht stellen" **intervenire** "die Führung eines Rechtsstreits übernehmen" **procuratores existere** "als Prokurator auftreten", "die Funktion eines Prokurators übernehmen"

(D 3,1,1,5) et ratio quidem "und es besteht ein guter Grund", erg. est **congruentem** "geziemend", "angemessen"; davon der term. tech. in Sprachlehre und Mathematik 'Kongruenz', d. h. Übereinstimmung von Satzgliedern bzw. geometrischen Körpern oder Zahlen

B

Papinian *(Aemilius Papinianus) stieg zur Spitze der kaiserlichen Ämterhierarchie auf: Er war 203-212 n. Chr. praefectus praetorio (s. Glossar S. 78). Paulus und Ulpian waren seine Schüler.*
Die Werke Papinians (besonders seine 'Quaestiones' und 'Responsa') bieten Fallösungen in höchster Vollendung: Trotz schwierigen Stils und oft äußerster Knappheit im Ausdruck besticht Papinian durch Gedankenfülle und Treffsicherheit. Von den Kompilatoren (s. Glossar S. 73: Digesten) wurde er hoch geschätzt (zahlreiche Exzerpte in den Digesten), und noch heute gilt er zu Recht als einer der größten römischen Juristen.
Zu ***Ulpian*** *s. Komm. B zu den Stücken 3 und 7.*

C

Können alle rechtlichen Beschränkungen, die Frauen im römischen Recht auferlegt werden, mit den Argumenten Ulpians erklärt werden? Welche anderen Gründe kommen in Frage?

13. Eheschließung

D 23,2,1 (Modestinus im ersten Buch seiner Rechtsregeln);
D 23,2,2 (Paulus im 35. Buch seines Ediktskommentars);
Gaius, Institutionen 1,57

A

maris "Mann", Gen. von mas **consortium** "Verbindung" **communicatio** "Gemeinschaft" **consistere** "zustandekommen" **quorumque in** ≙ et ii, in quorum **principalibus constitutionibus** ≙ constitutionibus principum, "Kaiserkonstitutionen", "kaiserliche Rechtsakte" (s. Glossar S. 73: constitutio principis) **his Latinis peregrinisve** "Frauen mit latinischem oder ohne röm. Bürgerrecht" **primas** präd. **missionem** "Entlassung aus dem Kriegsdienst" **uxores duxerint** "heiraten" **(et) qui - nascuntur** Subj.-Satz

B

Herennius ***Modestinus*** *war Schüler Ulpians und der letzte bedeutende Klassiker. Neben Fallsammlungen hat Modestinus Lehrschriften ('Regulae', 'Differentiae') und eine Reihe von Abhandlungen zu Einzelproblemen verfaßt.*
Zu ***Paulus*** *und seinen 'Libri ad edictum' s. Komm. B zu Stück 7; zu* ***Gaius,*** *Institutionen s. Komm. B zu Stück 2.*
omnis vitae Trotz leichter Scheidbarkeit wurde die Ehe grundsätzlich als Gemeinschaft auf Lebenszeit verstanden. Die von Schriftstellern (z. B. Sallust und Tacitus) beklagten lockeren Sitten und Partnerwechsel der römischen Aristokratie (zur Festigung politischer Bündnisse) sollten von dieser Tatsache nicht ablenken.

in potestate Soweit Braut und Bräutigam unter patria potestas (s. Glossar S. 77) standen, war für die Gültigkeit der Eheschließung - unabhängig vom Alter - die Zustimmung des pater familias erforderlich.
veteranis - peregrinisve Soldaten war während der Dienstzeit in der Armee die Ehe verboten. Nach der Entlassung stand einer Eheschließung mit Römerinnen kein Hindernis entgegen, mit Peregrinen (s. Glossar S. 77) dagegen (mit denen allenfalls ein Konkubinat bestehen konnte) fehlte das conubium. Kaiserkonstitutionen haben jedoch von Zeit zu Zeit Privilegien erteilt.
Vgl. dazu § 44 ABGB:
"In dem Ehevertrage erklären zwei Personen verschiedenen Geschlechtes gesetzmäßig ihren Willen, in unzertrennlicher Gemeinschaft zu leben, Kinder zu zeugen, sie zu erziehen, und sich gegenseitigen Beistand zu leisten."
§ 15 Abs. 1 Ehegesetz (1938):
"Eine Ehe kommt nur zustande, wenn die Eheschließung vor einem Standesbeamten stattgefunden hat."

C

Welche Argumente sprechen für die Einhaltung einer bestimmten Form (staatliche Mitwirkung) bei der Eheschließung?

14. Ehescheidung

Codex Iustinianus 8,38,2 (Kaiser Alexander [Severus] an Menophilus);
D 24,2,3 (Paulus im 35. Buch seines Ediktskommentars)

A

libera "frei von Zwang" **placuit** "anerkannt sein", "herrschende Rechtsauffassung sein"; Zustandspf. **pacta** "Vereinbarung", "Vertrag", n. pl. (davon das Fremdwort Pakt) **pacta ... non valere, stipulationes ... ratas non haberi** AcI, von constat abh. **divertere** "sich trennen", "sich scheiden" (nicht: 'sich scheiden lassen', da eine Ehescheidung in Rom - wie auch im jüd. und islam. Recht - von den Ehegatten selbst vollzogen wurde) **valere** "gültig sein" **stipulationes** "Stipulation", "förmlicher Vertrag" (s. Komm. B) **inrogarentur** "auferlegen", Präd. eines konsek. Rel.-Satzes **fecisset** im Dt. Ind.; der Konj. steht infolge Angleichung an inrogarentur **ratas** "rechtsgültig"
est "rechtswirksam sein", prägnanter Gebr. **verum** "echt", "ernstgemeint" **animo** "in der Absicht", davon abh. der Gen. des Gerundiums constituendi **perpetuam ... dissensionem** Akk.-Obj., von constituendi abh. **calore** "Hitze" (gemeint ist 'Aufregung'); metaph. **non prius ... quam si** "nicht früher, als" **ratum est** "wirksam sein" **perseverantia** abl. causae **iudicium animi** "überlegte Entscheidung" (wörtl.?) **per - repudio** Reihung: repudio per calorem misso **brevi** "bald darauf"; Adv. **reversa est** ≙ revertit; Pf., ugs. **nec** "auch nicht" **divortisse** ≙ divertisse; arch. und ugs.

B

Zum ***Codex Iustinianus*** *und Kaiser* ***Alexander Severus*** *s. Komm. B zu Stück 6. Zu* ***Paulus*** *und seinen 'Libri ad edictum' s. Komm. B zu Stück 7.*

placuit Die bei Historikern häufig vorkommende Wendung placuit "man beschloß" (vgl. senatui placuit "der Senat beschloß") wird im Juristenlatein - ähnlich wie in der Sprache der Philosophie - verwendet, um auszudrücken, daß sich in der Fachliteratur eine einhellige oder überwiegende Meinung gebildet hat. **pacta** formlose Vereinbarungen, bei denen es nur auf die Willenseinigung ankommt, nicht auf die Form, in der diese erfolgt (mündlich oder schriftlich, durch ausdrückliche Erklärung oder schlüssiges Handeln). **stipulationes** (förmliche) mündliche Versprechen, die nur gültig sind, wenn sie in einer bestimmten Frage- und Antwortform abgegeben werden. Der Gläubiger formuliert den Vertragsinhalt und fragt den Schuldner, ob er die bezeichnete Leistung erbringen werde, z. B. "decem dari spondes(ne)?". Der Schuldner antwortet unter Verwendung desselben Verbs: spondeo. Damit ist ein klagbarer Vertrag zustandegekommen. **poenae** Das Wort bedeutet hier Vertrags- oder Konventionalstrafe (Pönale), d. h. eine durch vertragliche Vereinbarung (conventio) zugesicherte Geldzahlung, die jemand für den Fall der Nichterfüllung einer Verpflichtung verspricht. **ratas ... haberi** Die Vereinbarung ist ungültig, unwirksam, da sie gegen die guten Sitten (boni mores) verstößt.

Vgl. dazu § 46 Ehegesetz (1938 in der Fassung von 1978):
"Die Ehe wird durch gerichtliche Entscheidung geschieden. Sie ist mit der Rechtskraft der Entscheidung aufgelöst."

C

1. Titia läßt sich bei der Eheschließung von ihrem Bräutigam förmlich die Zahlung von 1000 As für den Fall versprechen, daß die Ehe aus seinem Verschulden geschieden würde. Halten Sie das Versprechen angesichts des Wesens der Ehe und der Regel 'libera matrimonia esse debent' für gültig?
2. Titia erklärt nach einer ehelichen Auseinandersetzung im Zorn, daß sie ihre Ehe als aufgelöst betrachte. Sie verläßt das Haus ihres Mannes Seius und zieht zu ihren Eltern. Seius bittet sie brieflich, zu ihm zurückzukehren. Titia antwortet nicht. Ist die Ehe noch aufrecht?

15. Der reumütige Ehegatte

D 24,2,7 (Papinian im ersten Buch über den Ehebruch)

A

libellum ... divortii "Scheidungsbrief" **tradendum ... dedit** "überbringen lassen" **per ignorantiam** "in Unkenntnis" **oblatus est** "übergeben" **durare matrimonium** AcI, von dicendum (erg. est) abh., durare "fortbestehen"

paenitentia cognita im Dt. Präpositionalausdruck **is, qui; eum, qui** erg. jeweils hominem, gemeint ist der Ehepartner, dem der Scheidungsbrief zugestellt wird, im konkreten Fall die Ehefrau

B

Zu Autor und Werk s. Komm. B zu Stück 12.

libellum - dedit Grundsätzlich reichte für die Ehescheidung nach römischem Recht aus, daß ein Ehepartner dem anderen gegenüber deutlich das Aufgeben seines Ehewillens zu erkennen gab. Dabei mußte keine besondere Form eingehalten werden. Um Unklarheiten zu vermeiden, wählte man - insbesondere für mündliche Scheidungserklärungen - meist allgemein gebräuchliche Formulierungen (z. B. "tuas res tibi habeto") oder schickte einen Scheidungsbrief (libellus repudii oder divortii). **per ignorantiam - oblatus** Der Brief war einem Boten übergeben worden, der in Unkenntnis der nachträglichen Sinnesänderung des Auftraggebers den Brief ablieferte. **durare matrimonium** Da der Wille zur Auflösung der Ehe nicht (mehr) besteht, bewirkt die Zustellung des Scheidungsbriefes auch nicht die Auflösung der Ehe. **nisi - solvitur matrimonium** Erst wenn der Briefempfänger von der Willensänderung des Absenders Kenntnis erlangt hat und seinerseits mit dem 'wankelmütigen Partner' nicht länger verheiratet sein will, ist die Ehe aufgelöst. Die Ehe wird dann aber nicht durch den Scheidungsbrief aufgelöst, sondern durch die Mitteilung des anderen Ehegatten, den Ehewillen aufzugeben.

C

1. Titia verläßt in einem Wutanfall ihren Mann Seius und schickt ihm aus dem Haus ihrer Eltern den Scheidungsbrief. Seius schreibt zurück: "Es war höchste Zeit, daß du von selbst ausgezogen bist, sonst hätte ich dich hinausgeworfen!" Ist die Ehe aufgelöst?
2. Der Ehemann läßt die nach einer übereilten Scheidungserklärung reuig zurückkehrende Frau nicht ins Haus. Ist die Ehe geschieden?

16. Die Schenkung zwischen Ehegatten

D 24,1,1 (Ulpian im 32. Buch seines Kommentars zum Werk des Sabinus über das 'ius civile');
D 24,1,2 (Paulus im siebenten Buch seines Kommentars zum Werk des Sabinus über das 'ius civile')

A

moribus abl. causae **receptum est** "üblich sein", "anerkannt sein" **valerent** "gültig sein" **donationibus** Dat.-Obj. zu temperantes **sed - cesset** Reihung: sed ne profusa ... facilitate cesset; **profusa ... facilitate** "verschwenderischer Leichtsinn"; abl. causae, Bestimmung zu cesset ... studium **cesset** "aufhören" **educendi** "großziehen" (von educo 3.) **et** ≙ etiam **(quia ...) futurum esset, ut discuterentur** "daß ... getrennt werden könnten", der Konj. (futurum) esset ist coni. subi. (Ausdruck der Meinung des Sextus Caecilius) **donaret, posset** im Dt. Ind.; der Konj. ist wegen der indir. Rede (von adiciebat abh.) gesetzt **ea ratione - ut** "es auf diese Weise dazu kommen werde, daß" **venalicia** "käuflich" (von venalicius 3)

B

*Zu **Ulpian** und seinen 'Libri ad Sabinum' s. Komm. B zu Stück 3, zu **Paulus** 'ad Sabinum' s. Komm. B zu Stück 7. Der zitierte Sextus Caecilius **Africanus** war Schüler Julians, eines berühmten Juristen, dem Kaiser Hadrian um 130 n. Chr. die Endredaktion des prätorischen Edikts (s. Glossar S. 74: Edikt des Prätors) übertrug.*

moribus ... receptum Das Verbot von Schenkungen unter Ehegatten beruht nicht wie andere Schenkungsbeschränkungen des römischen Rechts auf einer speziellen lex, sondern auf Gewohnheitsrecht.
Vgl. dazu § 1247 ABGB:
"Was ein Mann seiner Ehegattin an Schmuck, Edelsteinen und andern Kostbarkeiten zum Putze gegeben hat, wird im Zweifel nicht für gelehnt; sondern für geschenkt angesehen. Wenn aber ein verlobter Teil dem andern; oder auch ein Dritter dem einen oder andern Teile in Rücksicht auf die künftige Ehe etwas zusichert oder schenkt; so kann, wenn die Ehe ohne Verschulden des Geschenkgebers nicht erfolgt, die Schenkung widerrufen werden."

C

Welche Motive nennen die Juristen für das Schenkungsverbot, wie beurteilen Sie deren Überzeugungskraft?

17. Terentia verläßt Maecenas

D 24,1,64 (Javolen im sechsten Buch aus dem literarischen Nachlaß Labeos)

A

divortio facto mit Präp.-Obj. zu übers., divortium "Scheidung" **reversa erat** ≙ reverterat; ugs. **inter - Maecenatem** "in der Rechtsangelegenheit zwischen T. u. M." **respondit** "Rechtsauskunft erteilen" **verum** "echt", "ernsthaft" (vgl. Komm. A zu Stück 14) **ratam** "gültig" **contra** "nicht", Adv. **(divortii) causa** "auf Grund ..." **vidua** "unverheiratet", "ohne Mann", präd., als Subj. erg. "die (betreffende) Frau" **foret** ≙ esset **alias** Adv. **nec ... ullius - futuram** "keine Gültigkeit haben", "nichtig sein", ullius momenti ist gen. qual.

B

*M. Antistius **Labeo** gilt auf Grund seiner Originalität als hervorragendster Vertreter der frühklassischen Jurisprudenz (s. Glossar S. 76: klassische Juristen). Er wirkte vorwiegend als Rechtslehrer - die später sog. prokulianische Rechtsschule wird auf ihn zurückgeführt - sowie als juristischer Schriftsteller. Labeos umfangreiches Werk (über 400 Bücher) ist nur durch zwei kürzende Bearbeitungen*

bekannt: Paulus hat die 'Pithaná' (gr. 'Überzeugendes', 'Glaubwürdiges'), Javolen die 'Posteriores' ('Schriften aus dem Nachlaß') gekürzt und kommentiert veröffentlicht.
*C. **Trebatius** Testa, der Lehrer Labeos, war ein jüngerer Freund und Schützling Ciceros sowie juristischer Berater von Caesar und Augustus. Der Hochklassiker L. **Iavolenus** Priscus wirkte in der 2. Hälfte des 1. Jhdts. n. Chr. (Vorsteher der sabinianischen Rechtsschule, Lehrer Julians, Konsul 86 n. Chr., später Statthalter in den Provinzen Germania superior, Syria und Africa, Mitglied des Consilium Trajans und Hadrians [s. Glossar S. 73: consilium]). Er hat vorwiegend die Werke früherer Juristen kritisch bearbeitet.*
*Zu **Proculus** s. Komm. B zu Stück 20. 'Caecilius' ist wahrscheinlich ein Abschreibfehler für **Caelius** Sabinus (Konsul 69 n. Chr., Zeitgenosse Javolens).*
deinde divortium fecerat Zuerst hat der Mann oder die Frau die Scheidung vollzogen, dann bereut der Mann sein Verhalten und beschenkt die Frau. Diese kehrt zum Mann zurück und vollzieht später (wieder) die Scheidung. **simulatum** Eine vorgetäuschte, nicht ernstgemeinte Scheidung ist rechtlich unwirksam. **aliae nuptiae** eine Ehe eines der beiden mit einem neuen Partner (die später wieder aufgelöst wurde).

C

1. Wann hat Ihrer Meinung nach Trebatius ein divortium verum, wann hat er ein divortium simulatum angenommen?
2. Wodurch unterscheidet sich die Auffassung von Proculus und Cae(ci)lius von jener des Trebatius und des Labeo?
3. Titia verläßt wütend das Haus des Seius und heiratet auf der Stelle Lentulus. Ist dadurch ihre Ehe mit Seius aufgelöst, ist die zweite Ehe rechtswirksam zustandegekommen?

Besitz- und Eigentumserwerb, Eigentumsschutz

18. Besitzerwerb 'corpore et animo'

D 41,2,3 pr. und 1 (Paulus im 54. Buch seines Ediktskommentars)

A

corporalia subst. n. pl. von corporalis, e ("körperlich"); gemeint ist alles, was man angreifen kann **apiscimur** ≙ adipiscimur **neque** "aber nicht" **per se** "bloß", "nur" **quod** "wenn"; faktisches quod **adquirere - possessionem** Reihung: nos possessionem adquirere debere **non utique** "keinesfalls" **accipiendum** "verstehen"; Subj. ist der quod-Satz **ut** "daß (zum Beispiel)" **possidere** "in Besitz nehmen", von possido 3. **glebas** "Acker", meton. (eigtl. 'Erdschollen') **quamlibet partem** "den erstbesten Teil" **dum** "sofern", mit Konj. **mente - hac** Reihung: hac mente et (hac) cogitatione "in dieser Absicht"; Hendiadyoin, Subj. ist der Käufer (wie auch zu velit) **terminum** "Grenzstein", "Grenze"

B

Zu Autor und Werk s. Komm. B zu Stück 7.

per se animo Die bloße Willenseinigung in Abwesenheit der Sache genügt nicht zum Besitzerwerb. **per se corpore** Durch tatsächliche Beherrschung der Sache wird nur dann Besitz erlangt, wenn der Erwerber die Sache für sich haben will. Wer eine gefundene Sache verbirgt, ist (unredlicher) Besitzer, wer den Fund kundmacht, hat keinen Besitzwillen: Er ist lediglich 'Inhaber' für einen anderen.

Vgl. dazu § 309 ABGB:

"Wer eine Sache in seiner Macht ... hat, heißt ihr Inhaber. Hat der Inhaber einer Sache den Willen, sie als die seinige zu behalten, so ist er ihr Besitzer."

§ 312 ABGB:

"Körperliche, bewegliche Sachen werden durch physische Ergreifung, Wegführung oder Verwahrung; unbewegliche aber durch Betretung, ... Einzäunung, Bezeichnung oder Bearbeitung in Besitz genommen."

Das geltende österr. Recht schließt sich bezüglich des Besitzerwerbs eng an das römische an. Bei Grundstücken verlangt es für den Besitzerwerb Akte, die Dritten gegenüber deutlich die 'Sachherrschaft' zum Ausdruck bringen.

C

1. Wie erlangt man nach Paulus Besitz an einem Grundstück?
2. Welche praktischen Erwägungen sprechen für das Abschreiten der Grundstücksgrenzen, welche dagegen?

19. 'Abgeben im Haus', 'Zeigen vom Turm'

D 41,2,18,2 (Celsus im 23. Buch seiner Digesten)

A

quod - emerim Obj.-Satz zu deponere **emerim** der Jurist spricht zwecks Veranschaulichung des Falles in der 1. Pers. Sg. **certum est** "es ist gewiß", "es ist klar" **dum** "noch", Adv. **vicinum ... fundum** Obj. zu mercato und zu demonstret **mercato** "nach dem Kauf", PPA von mercor 1., auf mihi zu bez. **turre** ≙ turri, ugs. **vacuam(que) ... possessionem** "freier Besitz", "geräumter Besitz" **non minus ... quam si** "ebenso ... wie wenn"

B

Zu Autor und Werk s. Komm. B zu Stück 26.

si venditorem - attigerit In diesem ersten Sachverhalt des Celsustextes hat der Käufer den Verkäufer beauftragt, die Ware im Haus des Käufers abzustellen. Der Verkäufer entspricht diesem Auftrag. **si vicinum ... dicat** Im zweiten Sachverhalt hat jemand ein Grundstück gekauft, das an sein eigenes angrenzt. Der Verkäufer zeigt dem Käufer dieses Nachbargrundstück von einem Turm aus, der auf dem Grundstück des Käufers steht, und erklärt ihm, das Grundstück geräumt zu übergeben.

C

Erster Sachverhalt:

1. Wieso kann man von Besitzerwerb corpore sprechen, wenn niemand die Sache entgegengenommen (berührt) hat?
2. Erwirbt der Käufer Besitz, wenn der Verkäufer die Sache nicht im Haus, sondern vor dem Haus abstellt?

Zweiter Sachverhalt:

1. Halten Sie den Umstand für erheblich, daß es sich um ein benachbartes Grundstück handelt?
2. Inwiefern ist das Zeigen eines Grundstückes vom Turm aus mit dem Abstellen einer Sache im Haus des Käufers vergleichbar?

20. Der Eber in der Schlinge

D 41,1,55 (Proculus im zweiten Buch seiner Briefe)

A

posueras, abstuli die 2. und 1. Pers. Sg. dienen der anschaulichen Darstellung **eo (haereret)** abl. instr., im Dt. Ortsbestimmung **exemptum** im Dt. beiordnen **solutum eum** im Dt. beiordnen **dimisissem** "entlassen" **casu** "Umstand" **quam - haberes, num - oportet** indir. Fragesätze, von quaero abh. **actionem (mecum) haberes** "eine Klage (gegen jemanden) haben", "einen klagbaren Anspruch (gegen jemanden) haben" **in factum** "eine auf den besonderen Sachverhalt bezogene Klage", erg. actio **respondit** gedachtes Subj. ist der zu Rate gezogene Jurist **videamus** coni. hort. **ne intersit** ≙ intersitne, Teil einer indir. Doppelfrage, intersit "einen Unterschied machen" **permissu** "mit Erlaubnis" **expediturus se fuerit** abh. Irr. der Vght. **summam** "Ergebnis" (eigtl. 'Hauptsache', 'Hauptpunkt') **ut** explikativ **laxitatem** "Freiheit" **actionem ... dari** "Klage gewähren"

B

Der Frühklassiker (s. Glossar S. 76: klassische Juristen) ***Proculus*** *lebte in der ersten Hälfte des 1. Jhdts. n. Chr. Er hat vermutlich 33 n. Chr. die Leitung der später nach ihm benannten Rechtsschule übernommen. In seinem Hauptwerk 'Epistulae' werden Rechtsprobleme in der Form von Fragen und Antworten erörtert.*

tuum aprum Es ist zu prüfen, ob der (abwesende) Schlingenleger bereits in dem Augenblick (Besitz und) Eigentum an dem Eber erworben hat, in dem dieser sich in der Schlinge verfängt, oder erst, wenn er ihn ergreift. **tuus esse desisset** An wilden Tieren werden Besitz und Eigentum durch occupatio (Besitzerwerb in der Absicht, Eigentum zu erlangen) erworben. Beide gehen wieder verloren, wenn sich das Tier in seine natürliche Freiheit zurückbegibt. Zur Unterscheidung von Besitz und Eigentum s. Einl. zum Stück. **num - oporteret** Wenn der Eigentumserwerb des Fallenstellers juristisch anerkannt wird, hat der Spaziergänger unbefugt in fremdes Vermögen eingegriffen:

Nimmt er den Eber mit, so begeht er einen Diebstahl und kann mittels einer 'actio furti' (Diebstahlsklage) auf Buße geklagt werden; läßt er ihn laufen, ist er zwar, da er nicht in Bereicherungsabsicht handelt, kein Dieb, der Prätor gewährt jedoch eine sog. 'actio in factum' gegen ihn, d. h. er formuliert eine eigene Klage, die auf den besonderen Sachverhalt zugeschnitten ist. Der Täter wird damit zur Zahlung von Schadenersatz verurteilt.

Vgl. dazu § 381 ABGB:

"Bei freistehenden Sachen besteht der Titel in der angebornen Freiheit, sie in Besitz zu nehmen. Die Erwerbungsart ist die Zueignung, wodurch man sich einer freistehenden Sache bemächtigt, in der Absicht, sie als die seinige zu behandeln." ('Titel' = rechtmäßiger Erwerbsgrund; 'Zueignung' = Aneignung)

§ 382 ABGB:

"Freistehende Sachen können von allen Mitgliedern des Staates durch die Zueignung erworben werden, insofern diese Befugnis nicht durch politische Gesetze eingeschränkt ist, oder einigen Mitgliedern das Vorrecht der Zueignung zusteht."

§ 383 ABGB:

"Dieses gilt insbesondere von dem Tierfange. Wem das Recht zu jagen oder zu fischen gebühre; wie der übermäßige Anwachs des Wildes gehemmt, und der vom Wilde verursachte Schaden ersetzt werde; wie der Honigraub, der durch fremde Bienen geschieht, zu verhindern sei; ist in den politischen Gesetzen festgesetzt. Wie Wilddiebe zu bestrafen seien, wird in den Strafgesetzen bestimmt." ('der übermäßige Anwachs' = die übermäßige Vermehrung)

C

1. Hat nach Proculus der Schlingenleger Besitz erworben?
2. Welche Bedeutung hat die Stärke der Schlinge?
3. Welche Bedeutung haben die Unterscheidungen des Proculus bezüglich des Grundstückes, auf dem die Schlinge ausgelegt worden ist (öffentliches oder privates, eigenes oder fremdes, mit oder ohne Erlaubnis des Eigentümers)?

21. Eigentumserwerb an wilden Tieren

D 41,1,1 pr. - D 41,1,5,6 (Gaius im zweiten Buch seiner "Jurisprudenz des täglichen Lebens" oder "Goldenen Rechtsregeln" und Florentinus im sechsten Buch seiner Institutionen)

A

(D 41,1,1 pr. - 41,1,4)

(1 pr.) dominium "Eigentum"(eigtl. 'Bereich, über den man als dominus verfügen kann') **ratione naturali** "natürliche Vernunft" **peraeque** "in (ganz) gleicher Weise" **quarundam** erg. rerum dominium nanciscimur **proditum** "entstanden" **opus est** ≙ necesse est; neben dem Gerundivum im Glds. pleonastisch

(1,1) capientium fiunt "werden Eigentum derer, die sie fangen"; capientium ist gen. poss. als Prädikatsnomen
(1,2) edita ≙ nata
(3 pr.) nullius gen. poss. **occupanti** "Besitz ergreifen" **conceditur** "zugestehen"
(3,1) nec interest "es macht auch keinen Unterschied", mit indir. Doppelfrage **quod ad** "was ... betrifft", erg. attinet **quisque** ≙ quisquam, ugs. **plane** "freilich", "allerdings" **gratia** ≙ causa, Präp. mit Gen. **providerit** "vorhersehen", "voraussehen"
(3,2) eo usque ... donec "solange ..., wie" **intellegitur** "es wird angenommen, daß"; NcI-Konstruktion **custodia** Abl. **occupantis** gen. poss. als Prädikatsnomen
(D 41,1,4) nisi si - sunt "außer es handelt sich um..., die", syntaktisch verkürzter Satz **mansuefacta** "gezähmtes Tier", n. pl.
(D 41,1,5 pr.-1)
(pr.) intellegitur "es wird angenommen, daß", als Subj. ist fera bestia zu denken
(1) an (fera bestia) ... intellegatur "ob anzunehmen ist, daß"; im Dt. unpers. **Trebatio placuit** "Trebatius war der Meinung" **eo usque ... donec** "solange ..., wie" **lucrifaceret** "einen Gewinn (lucrum) erzielen" **furtum - commisisse** eum videri ist AcI, von placuit abh., (furtum)... commisisse ist von videri abh. (In direkter Rede würde der Satz lauten: is ... videtur ... commisisse) **non aliter quam si** "nicht früher, als", "erst dann, wenn"
(D 41,1,5,2-6)
(2) fera "zu den wildlebenden Tieren gehörig" **alveo** "Bienenkorb", von alveus, i, m. **incluserit** "einfangen" (mit einem Korb)
(3) favos - fecerint Reihung: favos quoque, si hae (sc. apes) quos (≙ aliquos) fecerint, ... **possidere** "in Besitz nehmen", von possido 3.
(5) nec - pertinet "und es tut nichts zur Sache" **quarum - naturam** AcI im Rel.-Satz, von constat abh. **habent** "besitzen" (im Sinn von '[als Haustier] halten') **quorum - negat** AcI im Rel.-Satz, von negat abh. **et ipsorum** "gleichfalls" **intellegantur** "es wird angenommen, daß" **desinant, fiant** Fortsetzung des Konsek.-Satzes
(6) palam "offenkundig", Adv. als Prädikatsnomen **turbati** "auf-scheuchen" **turbataeve** bleibt im Dt. unübersetzt, da im Lat. nur wegen des unterschiedlichen Geschlechts von anseres und gallinae gesetzt **furti ... tenebitur** "für Diebstahl haften" **quid eorum** "irgendwelche von ihnen" (wörtl.?) **lucrandi animo** "in der Absicht, sich zu bereichern"

B

Zu Gaius s. Komm. B zu Stück 2. Seine 'Res cottidianae' ('Jurisprudenz des täglichen Lebens') oder 'Aurea' ('Goldene Rechtsregeln') sind wahrscheinlich eine von ihm selbst überarbeitete Fassung seiner 'Institutiones'.

***Florentinus** hat wie Gaius und Marcian ohne Amt und ohne ius respondendi (s. Glossar S. 76) in der Lehre gewirkt.*
*Zum zitierten Juristen **Trebatius** s. Komm. B zu Stück 17.*
(1 pr.) ratione naturali Während bestimmte Arten des Eigentumserwerbs (z. B. an Grundstücken mittels mancipatio, s. Glossar S. 79: res mancipi) auf röm. Bürger beschränkt sind (also in den Bereich des ius civile fallen), rechnen die Juristen andere Arten des Eigentumserwerbs (z. B. an wilden Tieren und anderen herrenlosen Sachen) zum ius gentium: Sie gelten als 'natürliche' Erwerbsarten für alle Menschen.
(1,1) feras bestias wilde Tiere, d. h. Tiere, die in natürlicher Freiheit leben. Solange sie sich in Freiheit befinden, darf jedermann sie sich aneignen.
(2) vel - edita Die Jungen, die ein wildes Tier in der Gefangenschaft zur Welt bringt, gehören dem Eigentümer des gefangenen Tieres.
(3 pr.) nullius est Als res nullius (herrenlose Sachen) gelten neben ferae bestiae auch Perlen und Edelsteine, die im Meer gefunden werden, sowie ein thesaurus (Schatz, d. h. verborgene Wertsachen, deren Eigentümer nicht mehr feststellbar ist) und res derelictae ('preisgegebene' Sachen).
(3,1) iure prohiberi Der Grundstückseigentümer kann Fremden das Betreten seines Grundstückes untersagen und sie an der Ausübung der Jagd hindern. Wer unerlaubt ein fremdes Grundstück betritt, begeht eine Besitzstörung und kann deshalb mit einem interdictum (Verfügung des Prätors) verfolgt werden. Auf seinen Besitzerwerb an der Jagdbeute hat dies jedoch keinen Einfluß: Der Jäger erwirbt auch bei verbotswidriger Jagd auf fremden Grundstücken Besitz und Eigentum an den erlegten Tieren.
(3,2) in naturalem libertatem Der Aneignung unterliegen nicht jene wilden Tiere, die in Gehegen oder Fischteichen gehalten werden. Sofern sie sich jedoch aus dieser custodia wieder in ihre natürliche Freiheit zurückbegeben, tritt mit dem Besitzverlust auch Eigentumsverlust ein.
(4) reverti solita sunt An gezähmten Wildtieren, die sich zeitweise entfernen (quae abire et redire solent), erlischt jedoch das Eigentum erst dann, wenn sie die Gewohnheit zurückzukehren aufgegeben haben.
(5 pr.) naturalem - persecutio Mit dem Besitzverlust (d. h. dem Verlust der tatsächlichen Gewalt) erlischt an wilden Tieren auch das Eigentum.
(5,1) quod verius est Originärer (ursprünglicher, nicht vom Recht eines anderen abhängiger) Besitz- und Eigentumserwerb an wilden Tieren wird bezüglich des herzustellenden körperlichen Naheverhältnisses strengeren Anforderungen unterstellt als ein derivativer (d. h. vom bisherigen Besitzer oder Eigentümer abgeleiteter) Erwerb. Nicht schon die Verfolgung eines verwundeten Tieres, sondern erst die Ergreifung gilt nach herrschender Lehre als occupatio (Besitz- und Eigentumserwerb).
(5,2) apium - fera est Bienen gelten als wilde Tiere, auch wenn sie in Bienenstöcken gehalten werden. Sie stehen im Eigentum des Imkers, solange

sie regelmäßig in den Stock zurückkehren. Den Bienenschwarm (der ja nicht zurückkehrt) darf sich jedermann aneignen, sobald er aus der custodia des Imkers entwichen ist.
(5,3) favos - potest Hier handelt es sich um die Honigwaben eines wilden Bienenschwarms.
(5,4) examen Moderne Gesetze lassen das Eigentum des Imkers am Bienenschwarm erst später erlöschen, vgl. § 961 BGB: "... wenn nicht der Eigentümer ihn unverzüglich verfolgt oder wenn der Eigentümer die Verfolgung aufgibt"; § 384 ABGB: "Im Falle, daß der Eigentümer des Mutterstockes den Schwarm durch zwei Tage nicht verfolgt hat ..."
(5,5) nec - pertinet Die Gewohnheit dieser Vögel, regelmäßig in ihre Schläge zurückzukehren, macht sie noch nicht zu Haustieren.
(5,6) gallinarum et anserum Gaius unterscheidet zwischen Haustieren und wilden Tieren. **in - tenentur** Besitzverlust an wilden Tieren bewirkt Eigentumsverlust; an Haustieren, die sich verlaufen haben, ist nur der Besitz verlorengegangen, das Eigentum bleibt aufrecht. **lucrandi animo adprehenderit** Wer ein fremdes Haustier einfängt, um es dem Eigentümer zurückzugeben, hat keinen Eigenbesitzwillen: Er wird als Inhaber, nicht als Besitzer betrachtet. Will er es für sich behalten, so ist er 'bösgläubiger' Besitzer, aber nicht Eigentümer. Der Eigentümer kann gegen ihn die Eigentumsklage (rei vindicatio, s. Stück 25) auf Herausgabe und zusätzlich die Diebstahlsklage (actio furti) auf Geldbuße anstrengen. Ein entlaufenes wildes Tier darf sich jedermann aneignen, sofern es die consuetudo revertendi aufgegeben hat. Ob dies der Fall ist, könnte gelegentlich schwer festzustellen sein; § 384 ABGB setzt deshalb für gezähmte Tiere eine Frist von zweiundvierzig Tagen fest, in der das Eigentum an ihnen aufrecht bleibt.

C

1. Der Grundstückseigentümer verbietet das Betreten seines Grundstücks, ein Jäger betritt es trotzdem und erlegt ein Tier. Hat er daran Eigentum erworben?
2. Unterscheiden Sie wilde - gezähmte - zahme Tiere: Wann und wie enden Besitz und Eigentum
   - an entlaufenen Hühnern?
   - an einem Bienenschwarm?
   - an einem Hirsch, der jeden Abend in sein Gehege zurückzukehren pflegt und nun schon drei Tage ausgeblieben ist?
3. Die Bienen des Titius sind geschwärmt und haben sich auf dem Baum des Seius niedergelassen. Titius und Seius haben dies beobachtet. Seius schließt die Bienen des Titius in einen Korb ein, bevor Titius bei dem Baum eintrifft. Hat Seius Eigentum an den Bienen erworben?
4. Ein für den Tierkampf im Amphitheater bestimmter Tiger entkommt, Titius fängt ihn ein. Hat er Eigentum an ihm erworben?

22. Fremde Pflanze auf eigenem Grund

D 41,1,7,13 (Gaius im zweiten Buch seiner "Jurisprudenz des täglichen Lebens" oder "Goldenen Rechtsregeln")

A

plantam davon dt. 'Pflanze', engl. plant und frz. plant (davon das dt. Wort Plantage) **posuero** "einsetzen", "einpflanzen" **ex diverso** "umgekehrt", "andererseits" (wörtl.?) **illius** gemeint ist der Eigentümer des alienum solum **radices egerit** "Wurzeln schlagen" **antequam** "(in der Zeit,) bevor" **ageret** im Dt. Ind.; der Konj. im Lat. drückt die bloße Annahme aus **et** ≙ etiam antea **conveniens est** ≙ cónvenit **quod** "daß", davon abh. meam effici arborem; hier liegt eine Vermischung zweier Konstruktionen vor, des ugs. aussagenden quod und des hochsprachl. AcI **terra presserim** "mit Erde bedecken", d. h. Erde so aufschütten, daß die Wurzeln in eine bestimmte Richtung wachsen **egerit** Zustandspf. **rationem - permittere** indirekte Rede, daher AcI **ut ... intellegatur** "daß ... als Eigentum ... betrachtet werde" **alterius** gen. poss. **cuius fundo** wie eius, in cuius fundo zu übers. **egisset** ≙ egerit, ugs. (auch in den roman. Sprachen hat sich der Konj. Perf. nicht erhalten, sondern nur der des Plpf.) **confinium** "gemeinsame Grenze"

B

*Zu **Gaius** s. Komm. B zu Stück 2, zu seinen 'Res cottidianae' s. Komm. B zu Stück 21.*

antequam ... radices ageret Das bloße Einsetzen der Pflanze ändert noch nichts am Eigentum: Erst bei fester, dauerhafter Verbindung erwirbt der Grundstückseigentümer Eigentum an der Pflanze. **meam effici arborem** setzt voraus, daß der Baum alle Wurzeln in mein Grundstück wachsen läßt. **communis est** Wenn ein an der Grenze gepflanzter Baum in zwei Grundstücken wurzelt, gehört er beiden Grundstückseigentümern gemeinsam.

Vgl. dazu § 420 ABGB:

"Was bisher wegen der mit fremden Materialien aufgeführten Gebäude bestimmt worden ist, gilt auch für die Fälle, wenn ein Feld mit fremden Samen besät, oder mit fremden Pflanzen besetzt worden ist. Ein solcher Zuwachs gehört dem Eigentümer des Grundes, wenn anders die Pflanzen schon Wurzel geschlagen haben." ('wenn anders' = sofern)

§ 946 BGB:

"Wird eine bewegliche Sache mit einem Grundstücke dergestalt verbunden, daß sie wesentlicher Bestandteil des Grundstücks wird, so erstreckt sich das Eigentum an dem Grundstück auf diese Sache." ('dergestalt' = in der Weise)

C

1. Jemand stiehlt einen Baum und pflanzt ihn auf seinem Grundstück ein. Erwirbt er Eigentum an diesem Baum?

2. Ein Baum wird auf ein fremdes Grundstück versetzt und schlägt dort Wurzeln. Fällt er wieder dem ursprünglichen Eigentümer zu, wenn er später auf dem neuen Grundstück ausgegraben wird?

23. Beschreiben von fremdem Papyrus oder Pergament

D 41,1,9,1 (Gaius im zweiten Buch seiner "Jurisprudenz des täglichen Lebens" oder "Goldenen Rechtsregeln")

A

litterae "geschriebene Buchstaben" **licet** "selbst wenn", mit coni. conc. **perinde ... ac** "ebenso ... wie" **cedunt** "zufallen", mit Dat. (vgl. superficies solo cedit, s. Einl. zu Stück 22) **seruntur** kann ebenso "pflanzen" wie "säen" heißen **chartis** "Papyrus", von charta, ae f., gr. Fremdwort; davon der gleichlautende term. tech. der Politik für Rechtsurkunden (Magna Charta, Charta der Vereinten Nationen) **membranis(ve)** "Pergament", eigtl. 'Tierhaut' **historiam** "Erzählung" (in Prosa) **corporis** "Werk" (d. h. der Beschreibstoff samt Schrift) **intellegeris** fut. pass. **petas** coni. pot. **impensas ... solvere** "die Kosten tragen", "die Aufwendungen ersetzen" **exceptionem doli mali** "Einrede (s. Glossar S. 74: exceptio), daß treuwidriges Verhalten vorliege", "Arglisteinrede", s. Komm. B **utique si** "jedenfalls, wenn" **eorum** "an ihnen", "daran"

B

Zu Gaius s. Komm. B zu Stück 2, zu seinen 'Res cottidianae' s. Komm. B zu Stück 21.

aureae Prunkhandschriften auf Purpurpergament mit goldenen oder silbernen Buchstaben haben sich aus Spätantike und Mittelalter erhalten (z. B. die berühmte gr. 'Wiener Genesis' in der Österr. Nationalbibliothek). **si - petas** Der Eigentümer des Beschreibstoffes klagt den Autor (Besitzer) auf Herausgabe seines Papyrus oder Pergaments mittels der rei vindicatio (s. Glossar S. 79). **impensas scripturae** Gemeint sind nur die Aufwendungen (Material- und Arbeitskosten), nicht der Wertzuwachs. **exceptionem doli mali** Der Autor hat ein Rückbehaltungsrecht am Beschreibstoff, bis ihm der Kläger die Aufwendungen ersetzt hat. Dieses macht er im Prozeß mit einer 'Einrede der Treuwidrigkeit' geltend: Der Eigentümer verstößt gegen 'Treu und Glauben', wenn er die Sache herausverlangt, ohne gleichzeitig die Aufwendungen des Besitzers zu ersetzen. **si - nanctus sim** Nur bei 'gutgläubigem' Erwerb des fremden Papyrus (Pergaments) hat der Besitzer Anspruch auf Erstattung seiner Kosten ('Aufwendungsersatz'). 'Gutgläubig' ist der Besitzer dann wenn er nicht weiß, daß er fremden Papyrus (Pergament) ohne Einwilligung des Eigentümers erworben hat. Bei wissentlichem Erwerb begeht er ein furtum (Diebstahl) und hat keinen Anspruch auf rechtlichen Schutz.

C

1. Titius färbt seine billige Wolle mit teurer Purpurfarbe, die er von Seius gestohlen hat. Was kann Seius unternehmen?

2. Der römische Jurist spricht bei Beschreiben von Papyrus oder Pergament das Eigentum an der neuen Sache dem bisherigen Eigentümer von Papyrus oder Pergament zu. Welche anderen Lösungen können Sie sich vorstellen?

24. Verarbeitung fremden Materials

D 41,1,7,7 (Gaius im zweiten Buch seiner "Jurisprudenz des täglichen Lebens" oder "Goldenen Rechtsregeln")

A

speciem "Gegenstand" **suo nomine** "für sich", abl. modi **nullius** gen. poss. **idem** "ebenso" (wörtl.?) **veluti - frumentum** direkte Rede; der Jurist verwendet die 1. Pers. Sg., um den Fall möglichst anschaulich darzustellen **tabulis** "Brett" **armarium** "Schrank" (urspr. zum Aufbewahren der Waffen, arma) **mulsum** "Met", "Honigwein" (subst. PPP) **medicamentis** "Arzneimittel" **emplastrum** "Wundpflaster" (gr. Fremdwort, davon das Lehnwort 'Pflaster') **collyrium** "Salbe"; gr. Fremdwort **media sententia** "vermittelnde Lösung" **recte existimantium** "derer, die zu Recht die Ansicht vertreten"; durch diesen Zusatz zeigt Gaius, daß er selbst diesem Meinungskompromiß zuneigt **et (Sabinus)** ≙ etiam **quod Nervae - placuit** "die Meinung, die Nerva und Proculus vertreten" **ut ecce** "wie zum Beispiel"; ecce wird in juristischen Texten gebraucht, um auf ein besonderes Argument oder ein besonders einleuchtendes Beispiel aufmerksam zu machen **conflatum** "gegossen" **ne ... quidem** "auch ... nicht" **excussum** "ausdreschen" **eius, cuius** gen. poss. als Prädikatsnomen **grana** "Korn" (von granum, i, n.) **qui - spicas** Subj.-Satz **est** "(schon) bestehen" **detegit** "zutagebringen"

B

Zu Gaius s. Komm. B zu Stück 2, zu seinen 'Res cottidianae' s. Komm. B zu Stück 21.

suo nomine Durch Verarbeitung erwirbt jemand nur dann Eigentum, wenn er für sich tätig ist. Erfolgt die Verarbeitung vereinbarungsgemäß für einen anderen (Eigentümer des Materials bzw. Besteller), so erwirbt dieser an der neuen Sache Eigentum. **emplastrum, collyrium** Daß Fachausdrücke der Medizin vielfach gr. Fremdwörter sind, ergibt sich aus der überragenden Stellung der gr. medizin. Wissenschaft auch im Römischen Reich. Zudem kamen die wichtigsten Rohmaterialien für Medikamente aus Kreta, Zypern und anderen von Griechen besiedelten Gebieten. **Nerva et Proculus ... Sabinus et Cassius** Diese Namen repräsentieren die beiden frühklassischen Rechtsschulen (s. Glossar S. 78 f.: Prokulianer, Sabinianer), die in dieser Rechtsfrage verschiedene Auffassungen vertreten haben. **media sententia** Nach der 'Mittellösung' des Gaius soll keine Eigentumsänderung eintreten, wenn die bearbeitete Sache wieder in ihren ursprünglichen Rohzustand zurückgeführt werden kann.

C

1. Wie begründen Prokulianer bzw. Sabinianer ihre abweichenden Standpunkte?
2. Gaius nennt sechs Haupttypen von Verarbeitung (Metall, Holz, Textilien, Brauerei, Apotheke, Landwirtschaft). Prüfen Sie, wie diese Falltypen nach der media sententia zu entscheiden sind?
3. Welche Rechtsfolge tritt nach prokulianischer Lehre ein, wenn der Dieb das gestohlene Gold zu Ringen verarbeitet?
4. Welche Ansprüche hat der Produzent, der nach sabinianischer Lehre das Produkt an den Materialeigentümer ausfolgen muß (s. dazu auch Stück 23)?

25. Eigentumsklage und 'Einrede der Treuwidrigkeit'

A

paret ≙ apparet, "sich erweisen"; ugs. (simplex pro composito), vgl. it. mi pare, 'mir scheint' (von lat. mi[hi] paret) **qua de agitur** Reihung: de qua agitur; agitur de "es wird prozessiert um" **Auli Agerii** allgemeine Bezeichnung für den Kläger (von agere, 'klagen'), s. Komm. B **quanti ... erit** "wieviel ... wert sein wird"; quanti ist gen. pretii **tantam pecuniam ... condemnato** "zur Zahlung dieser Geldsumme ... verurteilen", condemnato ist 2. Imperativ an die 3. Pers. Sg. **Numerium Negidium** allgemeine Bezeichnung für den Beklagten (von negare, 'bestreiten')

B

*Zum prätorischen **Edikt** s. Komm. B zu Stück 2 (ius - edicendi) und Glossar S. 74.*

si paret - esse Mit dieser Formel wird dem iudex aufgetragen, ein Beweisverfahren (s. Glossar S. 72) durchzuführen, durch das festgestellt werden soll, ob der Kläger Eigentümer ist. **ex iure Quiritium** bedeutet, daß das Eigentum auf dem ius civile, dem Recht römischer Bürger (Quirites), beruht. **Auli Agerii, Numerium Negidium** An die Stelle dieser fiktiven Namen, durch welche die Kläger- bzw. Beklagtenrolle bezeichnet wird (sog. Blankettnamen; im engl. Recht lauten diese beispielsweise John Doe und Richard Roe), setzt der Prätor die Namen der jeweiligen konkreten Streitparteien. **esse** 'meum esse' bezeichnet in der römischen Rechtssprache von Anfang an die Zugehörigkeit einer Sache zum Vermögen, d. h. das Eigentum. Die Substantiva dominium und proprietas sind erst später entstanden. **neque - restituetur** Findet der Richter, daß der Anspruch des Klägers berechtigt ist, so fordert er den Beklagten zur Herausgabe der Sache auf (iussum de restituendo). Je nach Reaktion des Beklagten erfolgt sodann Freispruch oder Geldverurteilung. **quanti - erit** legt für die Wertberechnung den Urteilszeitpunkt zugrunde.

si - fiat Exceptiones sind Einwendungen des Beklagten, die den Richter zur Abweisung des Klagebegehrens bewegen sollen. Der Prätor weist also in der Formel den Richter an, den Beklagten nur dann zu verurteilen, wenn sich dessen exceptio als unbegründet erweist.
Vgl. dazu § 366 ABGB:
"Mit dem Rechte des Eigentümers jeden andern von dem Besitze seiner Sache auszuschließen, ist auch das Recht verbunden, seine ihm vorenthaltene Sache von jedem Inhaber durch die Eigentumsklage gerichtlich zu fordern."
§ 369 ABGB:
"Wer die Eigentumsklage übernimmt, muß den Beweis führen, daß der Geklagte die eingeklagte Sache in seiner Macht habe, und, daß diese Sache sein Eigentum sei."

C

1. Inwiefern kann der Wert der eingeklagten Sache zum Urteilszeitpunkt höher sein als bei Prozeßbeginn?
2. In welchen Fällen könnte der Beklagte vom Prätor eine exceptio doli gegen die rei vindicatio begehren (s. Stücke 23, 24, 26)?

26. Schikaneverbot

D 6,1,38 (Celsus im dritten Buch seiner Digesten)

A

imprudens präd. Attr., im Dt. Adv. **conseruisti** ≙ sevisti, "säen"; ugs. Form: 1. sog. compositum pro simplici, 2. regelwidrige Perfektbildung **evincitur** "durch Richterspruch entziehen", gedachtes Subjekt ist fundus **ex personis causisque** "nach den persönlichen und sachlichen Umständen" **constituet** "entscheiden", "urteilen" **finge** "angenommen, daß ...", mit AcI **dominum** "Eigentümer (des Grundstückes)" **dominum ... facturum fuisse** Irr. im AcI **reddat** coni. iuss. **impensam** "Kosten", "Aufwendungen" **usque eo - quo** "freilich nur soweit, wie" **plus - accessit** "das Grundstück gewinnt an Wert"; plus ist Subj., pretio ist Dat.-Obj. **impensum est** Perf. Pass. von impendo 3. **pauperem** erg. dominum esse, gemeint ist der Eigentümer des Grundstücks **laribus, sepulchris** asyndet. Fügung, sepulchris ≙ sepulcris; ugs. **avitis** wie avorum ("Ahnen") zu übers. **carendum habeat** ≙ carere debeat; coni. pot., ugs. **tollere** "wegnehmen" **quae possis** Obj.-Satz zu tollere **dum ita ne** "sofern dadurch nicht" **initio** "von Anfang an" **foret** ≙ esset **constituimus** "festsetzen" **habiturus est** Umschreibung des Irr. der Ggwt.; ugs. **possessor** "Besitzer", also der Käufer des Grundstücks, der dieses an den dominus, den Grundstückseigentümer, zurückgeben soll **fiat ei potestas** "er soll das Recht (dazu) haben" (wörtl.?) **malitiis** Dat.-Obj. zu indulgendum est **tectorium** "Wandverputz" **puta** "zum Beispiel"; zum Adv. erstarrter Imperativ **induxeris** "auftragen" **corradere** "abkratzen" **nihil - officias** "nur um Schaden zu stiften" (wörtl. 'um nichts davon zu haben, außer Schaden zu stiften')

B

P. Iuventius ***Celsus*** *(106 n. Chr. Prätor, 128 zum zweiten Mal Konsul, Statthalter in Thracia und Asia, Mitglied von Hadrians Consilium [s. Glossar S. 73]) ist eine der profiliertesten Juristenpersönlichkeiten der Hochklassik. Scharfsinn und Originalität werden bei ihm gelegentlich von polemischer Aggressivität begleitet.*

imprudens weist darauf hin, daß der Käufer in Unkenntnis, d. h. bona fide, gehandelt hat. **evincitur** bedeutet die (erfolgreiche) Geltendmachung des Eigentumsanspruchs des Grundstückseigentümers durch rei vindicatio (s. Glossar S. 79). **iudex varie ... constituet** Celsus meint, daß der Richter verschiedene Sachverhaltsvarianten verschieden beurteilen müsse. **eadem facturum fuisse** Die erste Sachverhaltsvariante geht davon aus, daß auch der Eigentümer auf dem Grundstück ein Haus errichtet hätte (z. B. in der Absicht, dieses zu vermieten). **finge pauperem** Der Grundstückseigentümer ist in der zweiten Fallvariante nicht in der Lage, die Aufwendungen des 'gutgläubigen Bauführers' (d. h. desjenigen, der irrtümlich auf fremdem Grund ein Bauwerk errichtet hat) zu ersetzen. **fiat ei potestas** Der Grundstückseigentümer ist zu arm, die Baukosten zu ersetzen, deshalb hat der Bauführer ein ius tollendi (Wegnahmerecht). Da es unwirtschaftlich ist, das Haus abzureißen und die Ziegel mitzunehmen, darf der Grundstückseigentümer das ius tollendi des Bauführers 'ablösen', d. h. gegen bloßen Ersatz der Kosten des Baumaterials das Haus behalten. **neque malitiis - est** Die Regel formuliert das sog. Schikaneverbot, vgl. § 226 BGB: "Die Ausübung eines Rechtes ist unzulässig, wenn sie nur den Zweck haben kann, einem anderen Schaden zuzufügen"; ähnlich § 1295 Abs. 2 ABGB und Art. 2 Abs. 2 schweizer. ZGB: "Der offenbare Mißbrauch eines Rechts findet keinen Rechtsschutz". Durch das Schikaneverbot wird die umfassendere Regel 'nullus videtur dolo facere, qui suo iure utitur' eingeschränkt.

Vgl. dazu § 418 ABGB:

"Hat ... jemand mit eigenen Materialien, ohne Wissen und Willen des Eigentümers auf fremdem Grunde gebaut, so fällt das Gebäude dem Grundeigentümer zu. Der redliche Bauführer kann den Ersatz der notwendigen und nützlichen Kosten fordern ..."

C

1. Der Wert des unbebauten Grundstücks ist 100 Geldeinheiten, die Kosten des Hausbaus betragen 50. Welchen Betrag hat der Grundstückseigentümer dem Bauführer zu ersetzen, wenn dieser günstig gebaut hat und dadurch der Wert des Grundstücks mit Gebäude auf 170 gestiegen ist? Wieviel ist umgekehrt dem Bauführer zu ersetzen, wenn die Baukosten 50 betragen haben, die Wertsteigerung jedoch nur 30 ausmacht?

2. Inwiefern ist der Bauführer durch ein ius tollendi schlechter gestellt als durch den Ersatz seiner Aufwendungen?
3. Kann der verarmte Eigentümer wählen, ob er dem Bauführer ein ius tollendi einräumen oder Materialkostenersatz anbieten will?

Das Schadenersatzrecht der lex Aquilia

27. Die lex Aquilia im Lehrbuch des Gaius

Gaius, Institutionen 3,210-213; 217; 219

Zu Autor und Werk s. Komm. B zu Stück 2.

(210)

A

damni - constituitur "eine Klage (actio) wegen rechtswidriger Sachbeschädigung (damni iniuria) einführen"; damni ist gen. expl. **capite** "Kapitel" **cautum est** "vorsehen", "bestimmen" (im Zshg. mit einer lex); im sonstigen jurist. Sprachgebr. zumeist 'versprechen', 'Sicherheit leisten' (vgl. den heutigen Begriff Kaution) **hominem alienum alienamve** "ein fremder Sklave oder eine fremde Sklavin"; mit homo wird häufig der Sklave bezeichnet; auf freie Römer ist die lex Aquilia nicht anwendbar, vgl. die Regel 'Liberum corpus nullam recipit aestimationem' **pecudum - sit** "zu Herdentieren zählen" **iniuria** abl. modi **quanti ... plurimi fuit** "wie (hoch) der Höchstwert ... war"; quanti, plurimi sind gen. pretii, wobei plurimi Appos. zu quanti ist (wörtl.?)

B

primo - est Das erste Kapitel der lex Aquilia lautet: Si quis servum servamve alienum alienamve quadrupedemve pecudem iniuria occiderit, quanti id in eo anno plurimi fuerit, tantum aes ero dare damnas esto ("Wenn jemand einen fremden Sklaven, eine fremde Sklavin oder ein vierfüßiges Herdentier zu Unrecht getötet hat, so soll er verpflichtet sein, dem Eigentümer soviel Geld zu geben, wie diese Sache in diesem Jahr am meisten wert gewesen ist"). **hominem alienum alienamve** Man beachte die ängstliche Technik des Gesetzgebers, der neben Sklaven ausdrücklich Sklavinnen anführt, obwohl kein röm. Jurist, der das Gesetz anzuwenden hatte, gezögert hätte, die maskuline Form für ausreichend zu halten. **quadrupedem(ve) - sit** Damit sind Herdentiere wie Schafe, Ziegen, Rinder, Pferde, Maulesel und Esel gemeint (Gaius D 9,2,2,2). Ob auch Schweine dazuzählten, war umstritten. Hunde und wilde Tiere (Bären, Löwen, Panther) galten nicht als pécudes, wohl aber Elefanten und Kamele, die als Arbeitstiere verwendet wurden. **in eo anno** Gemeint sind die jeweils letzten zwölf Monate.

C

1. Überlegen Sie, warum im ersten Kapitel der lex Aquilia gerade Sklaven und vierfüßige Herdentiere aus allen übrigen Objekten der Schadenszufügung herausgehoben worden sein könnten.
2. Die lex Aquilia läßt den Täter auf Zahlung des Höchstwertes des Sklaven oder Tieres während der letzten zwölf Monate verurteilen. Welche anderen Schadensberechnungsmodelle könnten Sie sich vorstellen? Welche Argumente sprechen für die röm. Lösung?

(211)

A

is ... occidere NcI, von intellegitur abh. **intellegitur** "so verstehen, daß" **dolo** "Vorsatz" **culpa** "Fahrlässigkeit" **damnum** "Schaden" **datur** "zufügen" **reprehenditur** "ahnden" **malo** auf dolo zu bez. **committit** "zufügen", "anrichten"

B

iniuria Im Begriff iniuria liegt sowohl die Rechtswidrigkeit, d. h. der objektive Verstoß gegen das Gesetz, als auch die subjektive Vorwerfbarkeit der Tat, d. h. das Verschulden des Täters. **dolo aut culpa** dolus und culpa sind zwei verschiedene Formen des Verschuldens. dolus (malus) bedeutet Vorsatz, böse Absicht: Der Täter erkennt und billigt die Folgen seiner Tat. culpa bedeutet Fahrlässigkeit: Der Täter hätte die Folgen vorhersehen und vermeiden sollen, er hat jedoch die gebotene Sorgfalt außer Acht gelassen. **casu** Wenn der Täter den Schaden nicht vorhersehen mußte oder alle zumutbaren Vorkehrungen getroffen hat und der Schaden trotzdem eingetreten ist, liegt nicht culpa, sondern casus vor, für den der Täter nicht einstehen (haften) muß.
Vgl. dazu § 1294 ABGB:
"Der Schade entspringt entweder aus einer widerrechtlichen Handlung, oder Unterlassung eines andern; oder aus einem Zufalle. Die widerrechtliche Beschädigung wird entweder willkürlich, oder unwillkürlich zugefügt. Die willkürliche Beschädigung aber gründet sich teils in einer bösen Absicht, wenn der Schade mit Wissen und Willen; teils in einem Versehen, wenn er aus schuldbarer Unwissenheit, oder aus Mangel der gehörigen Aufmerksamkeit oder des gehörigen Fleißes verursacht worden ist. Beides wird ein Verschulden genannt."
§ 1306 ABGB:
"Den Schaden, welchen jemand ohne Verschulden oder durch eine unwillkürliche Handlung verursacht hat, ist er in der Regel zu ersetzen nicht schuldig."

C

Versuchen Sie, je ein Beispiel für Schadensverursachung zu finden, die durch dolus, culpa oder casus erfolgt ist.

(212)

A

corpus gemeint ist der bloße Handelswert des Sklaven oder der Sklavin **aestimatur** "schätzen", "bewerten" **sed sane** "aber freilich" **servo occiso** abl. abs. mit kausalem oder instrumentalem Sinn, im Dt. mit Präpositionalausdruck zu übers. **plus ... capiat damni** "mehr Schaden erleiden" **institutus** "einsetzen als" **hereditatem cerneret** "(eine) Erbschaft durch förmliche Erklärung antreten" **occisus fuerit** ≙ occisus sit, sog. doppeltes Pf. pass., ugs. **tantum** Adv. **quantitas** "Wert" (eigtl. 'Ausmaß') **comoedis** "Possenreißer", "Schauspieler", gr. Fremdwort **symphoniacis** "Musiker einer Kapelle", gr. Fremdwort; davon Symphonie, Symphoniker **eo amplius** "darüber hinaus"; eo ist abl. comp. **computatur** "berechnen"; davon abgeleitet das Wort Computer (also eigtl. Rechenmaschine) **quod** Rel.-Pron., adv. Akk. **depretiati sunt** "an Wert verlieren" **(idem) iuris** gen. part. **pari** "Gespann" **occiderit** gedachtes Subj. ist aliquis; zu dieser arch. Syntax (3. Pers. Sg. für 'man') vgl. die Zwölf Tafeln, Stück 1

B

heres institutus Auch fremde Sklaven konnten im Testament als Erben eingesetzt werden. Diese konnten freilich die Erbschaft nicht für sich selbst, sondern nur für ihren dominus erwerben, sofern dieser ihnen den Auftrag erteilte, die Erbschaft anzutreten. **hereditatem cerneret** Mit dem Tod des Erblassers erwirbt in diesem Fall der Erbe ein Recht, die Erbschaft anzutreten. Die Erbschaft selbst erlangt er erst durch den Erbschaftsantritt mittels förmlicher Erklärung (cretio), vgl. Gaius, Inst. 2,166: Quod me P. Mevius testamento suo heredem instituit, eam hereditatem adeo cernoque ("Da mich P. Mevius in seinem Testament als Erben eingesetzt hat, trete ich diese Erbschaft an und nehme sie an"). Wenn der als Erbe eingesetzte Sklave vor Abgabe dieser Erklärung getötet wird, geht seinem dominus die Erbschaft verloren. **ex comoedis** Dabei ist nicht nur an Schauspieler zu denken, sondern auch an Possenreißer und Spaßmacher, die man für private Veranstaltungen mieten konnte. In der berühmten Cena Trimalchionis, einem Teil des unvollständig erhaltenen Romans von Petronius Arbiter, einem Vertrauten Kaiser Neros, werden etliche derartige comoedi erwähnt.

C

Was meint der Jurist, wenn er mit der Tötung eines Sklaven aus einer Schauspielertruppe den Wert der übrigen als vermindert ansieht? Wie würden Sie diese Wertminderung berechnen?

(213)

A

cuius ... est vorgezogener Relativs. zu is **arbitrium** "Wahl", "Entscheidung(smöglichkeit)" **capitali crimine** "Kapitalverbrechen", d. h. Verbrechen, für welches die Todesstrafe (für röm. Bürger Enthauptung, daher Ableitung von caput) vorgesehen ist; abl. causae **reum facere** "anklagen" (wörtl.?) **damnum persequi** "einen Schaden geltend machen"

B

liberum arbitrium Der Geschädigte hatte (wie andere Rechtsquellen zeigen) nicht nur die Wahl zwischen Strafanklage und Schadenersatzanspruch, sondern konnte beide Ziele auch gleichzeitig oder hintereinander verfolgen.

(217)

A

capite tertio ≙ in capite tertio **numero** ≙ in numero **actio constituitur** "eine Klage einführen" **in** "bei" **hac parte** sc. legis **vindicatur** "geltend machen" **potuerit** "hätte ... können", der Konj. ist von quamquam abh., das im nachklass. Latein wie quamvis konstruiert wird **rupti appellatio** "die Bezeichnung 'verletzt'"; rupti ist gen. expl. **sufficere** "genügen" **ruptum** prädikativ zu dem Subj.-Satz quod - est **unde** "und daher" **usta, fracta, scissa, collisa, effusa, vitiata, perempta, facta** subst. PPP, n. pl. **deteriora facta** "im Wert vermindert" (wörtl.?) **continentur** "enthalten sein"

B

capite tertio ... cavetur Das dritte Kapitel der lex Aquilia lautet: "Si quis alteri damnum faxit, quod usserit, fregerit, ruperit iniuria, quanti ea res erit in diebus triginta proximis, tantum aes ero dare damnas esto" ("Wenn jemand einem anderen einen Schaden durch unrechtmäßiges Brennen, Brechen oder Verstümmeln zugefügt hat, so soll er verpflichtet sein, soviel Geld dem Eigentümer zu geben, wie diese Angelegenheit in den nächsten 30 Tagen wert sein wird"). **feram bestiam** Hier sind nur solche Wildtiere gemeint, die einen Eigentümer haben (z. B. der Tanzbär eines Schaustellers oder der Löwe, der für einen Tierkampf in der Arena erworben worden ist). **ruptum - corruptum** Rumpere bezeichnet ursprünglich die Körperverletzung durch Verstümmeln (vgl. 'membrum ruptum' in den Zwölf Tafeln, Stück 1). Von den klass. Juristen wird das Wort jedoch sehr weit ausgelegt und wie corrumpere (zerstören, verderben, beschädigen schlechthin) verstanden. Dies hängt mit der lat. Sprachentwicklung zusammen: Im späteren Lat. erhalten die Komposita vielfach die Bed. der Grundwörter (sog. compositum pro simplici).

C

Stellen Sie fest, welche der folgenden Taten nach dem 3. Kapitel der lex Aquilia verfolgt werden können:
Tötung eines fremden Kamels, Zerstörung eines fremden Hauses, Ver-

schütten fremden Weins, Austrinken fremden Weins, Pflücken fremder Oliven (reif oder unreif).

(219)

A

placuit "es ist herrschende Lehre", Zustandsperf. **ita demum** "nur dann" **damnum dederit** "Schaden anrichten" **damno dato** abl. abs. **utiles actiones** "analoge Klage" (wörtl. 'brauchbar gemachte...') **rumperetur** "zu Schaden kommen" (wörtl.?) **ascendendo, descendendo** abl. modi des Gerundiums, ugs. einem part. praes. gleichwertig (ebenso im It.) **aliqua parte** ≙ in aliqua parte, abl. loci **suffocatus fuerit** "ertrinken", doppeltes Pf. pass.; ugs. **hic ... dedisse** NcI, von intellegi potest abh. **eo, quod** "dadurch, daß"

B

placuit s. Komm. B zu Stück 14. **corpore suo** Die typischen Schädigungshandlungen occidere (1. Kapitel der lex Aquilia) und urere, frangere, rumpere (3. Kapitel) werden als direkte körperliche Einwirkungen verstanden. Damit wird jedoch nur ein begrenzter Kreis von Ursachen erfaßt. **utiles actiones** sind neue Klagen, die der Prätor in Anlehnung an bestehende Klagen schafft, wenn letztere nicht anwendbar sind, aber der Prätor ein Rechtsschutzbedürfnis anerkennt. **alieno servo persuaserit** Fremden Sklaven konnte man keine Befehle erteilen (es sei denn, man hätte sie zu Dienstleistungen gemietet), man konnte sie also nur überreden.

C

1. Titius nimmt dem Sklaven des Seius die Kleider weg, der Sklave erfriert. Kann Seius mit der actio legis Aquiliae klagen?
2. Titius wirft den Sklaven des Seius in den Fluß. Dieser schwimmt auf das Ufer zu, ertrinkt jedoch, bevor er es erreicht. Kann Titius wegen occidere geklagt werden?

28. Occidere und mortis causam praestare

D 9,2,7 1;6;7 (Ulpian im 18. Buch seines Ediktskommentars)

A

(1) accipere "(als) ... ansehen" **sive (gladio)** wie si vel zu übers. **sive (etiam)** ≙ vel **telo** "Waffe", umfassende Bedeutung, ugs. **petiit** "losgehen auf", Subj. ist 'jemand' (typische Syntax des Juristenlat.), gedachtes Obj. ist eum (d. i. occisum) **qualiter qualiter** "auf welche Art auch immer"; ugs. Doppelsetzung als Ausdruck der Verallgemeinerung

(6) multum interesse "einen großen Unterschied (aus-)machen" **occiderit an ... praestiterit** indir. Doppelfrage ohne einleitende Fragepartikel **ut** konsekutiv **mortis causam praestiterit** "eine Todesursache setzen" **Aquilia** erg. lege **in factum actione** "auf den Sachverhalt zugeschnittene Klage" **teneatur** "haftbar gemacht werden", "belangt werden" **unde** "und daher" **adfert, ait**

Subj. ist jeweils Celsus **adfert** "als (Beispiel) anführen" **praestitisse** als Subj.-Akk. erg. eum **quemadmodum** "ebenso wie" **furenti** "Verrückter"; subst. part. praes., ugs. **hunc ... teneri** AcI, von ait abh. **in factum** erg. actione
(7) sive ... aut ... aut "ob nun ... oder ... oder" **continuo** "sofort" **lege Aquilia teneri** erg. eum **(saxo) inlisisset** "gegen (etwas) stoßen/ schleudern"; saxo ist Zieldat.

B

Zu ***Ulpian*** *s. Komm. B zu Stück 3, zu* ***Celsus*** *s. Komm. B zu Stück 26.*
(6) in factum actione actiones in factum sind Klagen, deren Formeln der Prätor neu bildet, wenn er das Anliegen des Klägers für schutzwürdig hält, jedoch im Edikt (s. Glossar S. 74) für diesen Anspruch noch kein Klagemuster vorfindet. Die von Gaius (Inst. 3,219, Stück 27) als actiones utiles (s. Glossar S. 72) bezeichneten Klagen werden von Ulpian actiones in factum genannt. (Die sprachliche und sachliche Abgrenzung zwischen den beiden Klagetypen ist in der römischrechtlichen Forschung strittig.)

C

Celsus unterscheidet occidere (Töten durch direkte körperliche Einwirkung) und mortis causam praestare (Setzen einer Todesursache auf andere Art). Wann fällt 'Gift geben' in die eine, wann in die andere Kategorie?

29. Die vergiftete Sklavin

D 9,2,9 pr. (Ulpian im 18. Buch seines Ediktskommentars)

A

inde "daran", sc. medicamento **distinguit, ut** "dahingehend unterscheiden, daß" **supposuit** "verabreichen" **videatur** Subj. ist óbstetrix **sibi ... offerret** "selbst einnehmen" **dandam** erg. esse; AcI, von distinguit abh.

B

Zu ***Ulpian*** *s. Komm. B zu Stück 3, zu* ***Labeo*** *s. Komm. B zu Stück 17.*
mulier ist hier als Sklavin zu verstehen, da die lex Aquilia auf freie Römer(innen) nicht anwendbar ist. (Vgl. die Regel 'liberum corpus nullam recipit aestimationem'.)

C

Versuchen Sie, den Sachverhalt, die Rechtsfrage und die Entscheidung des Labeo zu formulieren. Begründen Sie die Entscheidung des Juristen.

30. Die tödliche Rasur

D 9,2,11 pr. (Ulpian im 18. Buch seines Ediktskommentars)

A

scribit davon abh. der AcI eum - teneri (Z. 4); diesem untergeordnet ist der vorangestellte Kondizionalsatz si - deiecerit bzw. gula - sit praecisa **pila**

abl. instr. **quis** ≙ aliquis **(pila) percussa** "... abschießen"; abl. abs. mit instrumentaler Bed. **deiecerit** "werfen" **habebat** "in Arbeit haben" **sit praecisa** "durchschneiden" (wörtl.?) **adiecto cultello** abl. abs. mit instrumentaler Bed. **in quocumque ... sit** vorgezogener Relativs. zu eum **eorum** damit sind die Ballspieler ebenso gemeint wie der Friseur/Barbier **Proculus** erg. censet oder putat **transitus frequens** "starker Fußgängerverkehr" **est, quod** "es besteht Grund, daß ..." (oder Inf. mit zu); konsek. Relativs. **imputetur** "die Schuld zurechnen" **habenti tonsori** Dat.-Obj. zu (se) commiserit ("sich anvertrauen") **quis** ≙ aliquis **ipsum ... debere** AcI, von dicatur abh. **de se queri** "sich selbst zuschreiben" (wörtl.?)

B

Zu ***Ulpian*** *s. Komm. B zu Stück 3, zu* ***Proculus*** *s. Komm. B zu Stück 20.*
Mela *war Zeitgenosse Labeos (unter Augustus).*

pila quidam luderent Die Beliebtheit des Ballspiels in der Antike ist durch eine große Zahl literarischer Zeugnisse belegt. Es gab zahlreiche Spielplätze, auch in den Städten, besonders in den viel besuchten Thermenanlagen. Unfälle beim Ballspiel kamen häufig vor. **tonsoris** Wohlhabende Leute ließen den Friseur ins Haus kommen; der einfache Mann oder der Sklave ging in eine tonstrina (Friseurladen) - bereits damals ein beliebter Ort der Kommunikation und des Klatsches - oder aber vertraute sich einem tonsor an, der sein Gewerbe im Umherziehen ausübte. Dieser bot vor allem in den Thermen seine Dienste an: Warmes Wasser gab es dort genug, der tonsor benötigte daher zur Berufsausübung nur ein Handtuch, ein Rasiermesser und vielleicht einen Schemel. **ipsum - debere** ist nicht wörtlich zu verstehen (der tote Sklave kann sich nicht mehr bei sich selbst beklagen), sondern bedeutet, daß sich der dominus die Nachlässigkeit seines Sklaven anrechnen lassen muß und den Täter nicht klagen kann. Vgl. die Regel 'quod quis ex culpa sua damnum sentit, non intellegitur damnum sentire'.

Vgl. dazu § 1301 ABGB:
"Für einen widerrechtlich zugefügten Schaden können mehrere Personen verantwortlich werden, indem sie gemeinschaftlich, unmittelbarer oder mittelbarer Weise, ... auch nur durch Unterlassung der besonderen Verbindlichkeit das Übel zu verhindern, dazu beigetragen haben." ('Verbindlichkeit' = Verpflichtung)

§ 1302 ABGB:
"In einem solchen Falle verantwortet, wenn die Beschädigung in einem Versehen gegründet ist, und die Anteile sich bestimmen lassen, jeder nur den durch sein Versehen verursachten Schaden."

§ 1304 ABGB:
"Wenn bei einer Beschädigung zugleich ein Verschulden von Seite des Beschädigten eintritt; so trägt er mit dem Beschädiger den Schaden verhältnismäßig; und, wenn sich das Verhältnis nicht bestimmen läßt, zu gleichen Teilen."

C

1. Beachten Sie, daß Proculus auf jeden Fall den Barbier haften läßt. Wie könnte man für, und wie könnte man gegen eine solche Auffassung argumentieren?
2. In welcher Situation kann man davon sprechen, daß der Sklave 'selbst schuld' ist?

31. Der unachtsame Baumschneider

D 9,2,31 (Paulus im 10. Buch seines Kommentars zum Werk des Sabinus über das 'ius civile')

A

putator "Baumschneider" **ex arbore - deiecerit** Reihung: cum ex arbore ramum deiecerit; das cum modale (hier unklass. mit Konj.) erklärt das Prädikat des si-Satzes (occidit) **machinarius** "Gerüstarbeiter", "Bauarbeiter" **ita tenetur** "haftbar sein" **is** sc. ramus **publicum** "öffentlicher Grund" **proclamavit** "einen Warnruf ausstoßen" **ut** konsek. **evitari** "ausweichen vor", im Lat. trans. **de culpa agi** "Klage erheben wegen ..." **culpam autem esse** AcI, von (Mucius) dixit abh. **esse, quod** "darin bestehen, daß" **tum** "dann erst" **denuntiatum esset** "bekanntgeben", "anzeigen" **secundum** "nach", "gemäß", Praep. mit Akk. **rationem** "Meinung" **non multum refert** "keine große Rolle spielen" **per - fieret** indir. Doppelfrage ohne einleitende Fragepartikel; der Konj. Impf. vertritt den Konj. Pf. **vulgo** "für die Allgemeinheit"; zum Adv. erstarrter Abl. **erit** wie est zu übers.; das Fut. drückt die (für die Anwendung auf einen zukünftigen Fall geltende) Annahme aus **dolum ... praestare** "die Verantwortung für vorsätzliches Handeln tragen" **dumtaxat** "nur" **ne immittat** erg. ramum; ne entspr. einem verneinten ut explicativum **transeuntem** im Dt. Inf.; nach Verben der Wahrnehmung steht ein Part., wenn ein Zustand bezeichnet wird, in dem sich der Gegenstand der Wahrnehmung befindet **culpa ... exigenda non est** "nicht wegen Fahrlässigkeit geklagt werden können" **cum** kausal **divinare** "ahnen", "vorhersehen" **an** ≙ num

B

Zu ***Paulus*** *s. Komm. B zu Stück 7.*
Massurius ***Sabinus*** *erhielt von Tiberius als erster Ritter das ius respondendi (s. Glossar S. 76) verliehen. Sein wichtigstes Werk, 'Iuris civilis libri tres', ist während der ganzen klassischen Periode diskutiert worden und hat noch Paulus und Ulpian zu Kommentaren ('Libri ad Sabinum') angeregt. Der zitierte* ***Q. Mucius*** *Scaevola, Konsul 95 v. Chr., gilt als führender Jurist seiner Zeit und schrieb 18 'Libri iuris civilis'.*

Der erste Satz des Textes könnte aus dem Werk des Sabinus stammen, das von Paulus kommentiert wird. Paulus hätte dann auf Q. Mucius Scaevola

zurückgegriffen, um eine zu eng gefaßte Entscheidung des Sabinus zu erweitern: Die Haftung des Baumschneiders oder Gerüstarbeiters soll nicht auf Unfälle beschränkt sein, die sich auf öffentlichem Grund ereignen.
hominem s. Komm. B zu Stück 27 (210).
Vgl. dazu § 1297 ABGB:
"Es wird aber auch vermutet, daß jeder, welcher den Verstandesgebrauch besitzt, eines solchen Grades des Fleißes und der Aufmerksamkeit fähig sei, welcher bei gewöhnlichen Fähigkeiten angewendet werden kann. Wer bei Handlungen, woraus eine Verkürzung der Rechte eines andern entsteht, diesen Grad des Fleißes oder der Aufmerksamkeit unterläßt, macht sich eines Versehens schuldig."

C

1. Könnte sich der Baumschneider auch durch eine andere Art der Warnung von der Haftung befreien?
2. Könnte der Baumschneider einwenden, der Fußgänger habe auf dem Privatweg nichts zu suchen gehabt, sei also selbst schuld, wenn ihm ein Ast auf den Kopf falle (vgl. den Fall der 'tödlichen Rasur', Stück 30)?

32. Der Streit vor dem Wirtshaus

D 9,2,52,1 (Alfenus im 2. Buch seiner Digesten)

A

tabernarius "Schankwirt" **flagello** "Geißel"; nach diesem lat. Wort wurden im Mittelalter umherziehende Gruppen von Büßern, die sich öffentlich geißelten, 'Flagellanten' genannt **dolor** "Stachel", "Spitze"; abstractum pro concreto, ugs. **ut** final **mitteret** "auslassen", "loslassen" **maiore rixa facta** abl. abs. **consulebat** "eine Rechtsauskunft erbitten", Subj. ist tabernarius **dedisse** ≙ fecisse; NcI, von videretur abh., Subj. ist tabernarius **iniuria** "widerrechtlich", abl. modi **prior** präd. Attribut, im Dt. Adv. **respondi** der Jurist spricht von sich **data opera** "absichtlich" **non videri** erg. tabernarium **culpam ... residere, videri** AcI, von respondi abh. **(qui prior ...) percussit** der Ind. in der abh. Rede ist ugs. (wie in den roman. Sprachen) **residere** "liegen (bei)" **vapulasset** "Schläge erhalten"; vapulare ist eine Art umgekehrtes Deponens; die urspr. Bedeutung war vermutlich 'ein Wehgeschrei (infolge erhaltener Schläge) erheben' **rixatus esset** "sich prügeln", "raufen" **culpa** abl. causae **factum** erg. id esse

B

P. Alfenus Varus (Konsul 39 v. Chr.) schrieb 'Digesta' in 40 Büchern, die noch vom Spätklassiker Paulus exzerpiert und mit eigenen Bemerkungen versehen wurden. Er ist der einzige republikanische Jurist, aus dessen Werk größere Stücke (54 Fragmente in den Digesten Justinians) überliefert sind.

Der Text zeigt deutlich die dreiteilige Struktur des typischen juristischen responsum: a) Sachverhalt (tabernarius - effoderat); b) Rechtsfrage (consulebat - esset); c) Gutachten des Juristen (respondi - videri).

lucernam posuerat In Rom gab es keine Straßenbeleuchtung; der tabernarius wollte wohl auf diese Weise auf sein Lokal aufmerksam machen. **flagello ... dolor inerat** Es dürfte sich um eine Geißel handeln, an deren Stiel eine Spitze (vielleicht ein langer Nagel) befestigt war. Der Wirt ist offenbar bemüht, die Gefährlichkeit seines Gegners zu betonen. **consulebat** Der Wirt fragt den Juristen, ob er mit einer Haftung aus der lex Aquilia zu rechnen habe.

Vgl. dazu § 19 ABGB:

"Jedem, der sich in seinem Rechte gekränkt zu sein erachtet, steht es frei, seine Beschwerde vor der durch die Gesetze bestimmten Behörde anzubringen. Wer sich aber mit Hintansetzung derselben der eigenmächtigen Hilfe bedient, oder, wer die Grenzen der Notwehr überschreitet, ist dafür verantwortlich."

§ 344 ABGB:

"Zu den Rechten des Besitzes gehört auch das Recht, sich in seinem Besitze zu schützen, und in dem Falle, daß die richterliche Hilfe zu spät kommen würde, Gewalt mit angemessener Gewalt abzutreiben (§ 19). Übrigens hat die politische Behörde für die Erhaltung der öffentlichen Ruhe, so wie das Strafgericht für die Bestrafung öffentlicher Gewalttätigkeiten, zu sorgen."

§ 3 StGB (Strafgesetzbuch):

"Nicht rechtswidrig handelt, wer sich nur der Verteidigung bedient, die notwendig ist, um einen gegenwärtigen oder unmittelbar drohenden rechtswidrigen Angriff auf Leben, Gesundheit, körperliche Unversehrtheit, Freiheit oder Vermögen von sich oder einem anderen abzuwehren. Die Handlung ist jedoch nicht gerechtfertigt, wenn es offensichtlich ist, daß dem Angegriffenen bloß ein geringer Nachteil droht und die Verteidigung, insbesondere wegen der Schwere der zur Abwehr nötigen Beeinträchtigung des Angreifers, unangemessen ist."

C

Alfenus beschränkt sich nicht auf die Beurteilung der Sachverhaltsdarstellung des tabernarius, sondern bespricht mehrere Sachverhaltsvarianten. Formulieren Sie diese und überlegen Sie, in welcher dieser Varianten der Wirt Notwehr als Rechtfertigungsgrund geltendmachen kann.

Der Kaufvertrag

33. Schuldnerverzug: Zahlung von Verzugszinsen

D 18,6,20 (Hermogenian im 2. Buch seiner 'Auszüge aus dem Recht')

A

venditori ... moram fecerit "gegenüber dem Verkäufer in Verzug geraten", "den Verkäufer warten lassen"; venditori ist dat. incomm. **solvendo** "(be)zahlen" **usuras praestabit** "Zinsen zahlen" **dumtaxat** "nur" **mora ... facta** abl. abs., im Dt. Kondizionals. im Irr. d. Vght. **potuit, fuit, potuit** im Dt. jeweils irrealer Konj. der Vght. **consequi** sc. pretium, "einen Preis erzielen" **negotiator** "Kaufmann", "Händler"; präd., gedachtes Subj. ist venditor **quaerere** "einen Erlös erzielen"

B

Die Epitomae iuris ('Auszüge aus dem Recht') des ***Hermogenian*** *sind eine nachklassische Juristenschrift, wahrscheinlich zur Zeit Kaiser Diokletians (Ende des 3. Jhdts. n. Chr.) entstanden. Der Verfasser hat klassische Vorlagen ausgewertet und aus ihnen einfache Aussagen über wichtige Rechtsfragen gewonnen.*

moram fecerit Der Käufer schuldet den Kaufpreis. Zahlt er bei Fälligkeit (z. B. zu einem vereinbarten Termin) den Kaufpreis nicht, so befindet er sich im Verzug (mora debitoris). Ohne Terminvereinbarung tritt Fälligkeit (und Verzug) dann ein, wenn der Gläubiger den Schuldner gemahnt hat; ist die Leistung zu einem bestimmten Termin ('dies') zu erbringen, so kann die Mahnung unterbleiben (Regel: 'dies interpellat pro homine'). **usuras - praestabit** Klagt der Verkäufer auf Zahlung des Kaufpreises, so kann ihm der Richter Verzugszinsen zusprechen, deren Höhe sich nach dem Marktniveau richtet (zur Zeit Justinians 6% pro Jahr). **non omne - potuit** Die Verzugszinsen stellen eine pauschalierte Abgeltung des durch den Verzug entstanden Schadens dar. Einen darüber hinausgehenden entgangenen Gewinn des Verkäufers muß der Käufer nicht ersetzen. **veluti - potuit** Hermogenian bietet hier ein Beispiel für Gewinnentgang beim Verkäufer, der über die Verzugszinsen hinausgeht: Der Verkäufer hätte den rechtzeitig erhaltenen Kaufpreis in ein neues, gewinnbringendes Geschäft investieren können.

Vgl. dazu § 1333 ABGB:

"Der Schade, welchen der Schuldner seinem Gläubiger durch Verzögerung der bedungenen Zahlung des schuldigen Kapitals zugefügt hat, wird durch die von dem Gesetze bestimmten Zinsen vergütet."

§ 288 BGB:

"(1) Eine Geldschuld ist während des Verzugs mit vier vom Hundert für das Jahr zu verzinsen. Kann der Gläubiger aus einem anderen Rechtsgrunde höhere Zinsen verlangen, so sind diese fortzuentrichten.

(2) Die Geltendmachung eines weiteren Schadens ist nicht ausgeschlossen."

C

Nehmen Sie an, die Verzugszinsen betrügen 4%, der Gläubiger hätte jedoch bei rechtzeitiger Zahlung des Schuldners das Geld in ein neues Geschäft investieren und 20% Gewinn erzielen können. Welches Argument spricht für die Entscheidung Hermogenians?

34. Gläubigerverzug: Schuldner läßt Wein ausfließen

D 18,6,1,3 (Ulpian im 28. Buch seines Kommentars zum Werk des Sabinus über das 'ius civile')

A

vel "sogar" **diem ... praestituit** "eine Frist festsetzen" **ad metiendum** "für die Zumessung" (d. h. Abfüllung der gekauften Menge aus dem Faß) **admensum est** erg. vinum, admensum ist PPP eines Deponens **priusquam** "bevor ... nicht" **testando** "vor Zeugen" (wörtl.?) **tollat** "abholen" **futurum, ut (... effunderetur)** Ersatz des nachzeitigen pass. AcI, von sciat abh. **eapropter** "deshalb" **sed ita demum** "aber nur dann" **interfuit (eius)** "Interesse haben"; das logische Subjekt steht im Lat. im (poss.) Gen. **inania esse vasa** AcI, von interest eius abh. **locaturus ... fuisset** "hätte vermieten wollen" **necesse habuit** ≙ necesse fuit ei; gemeint ist der Verkäufer **conducere** "mieten" **commodius** "zweckmäßiger" **conduci vasa, reddi vinum** AcI, von commodius est abh. **quanti conduxerit** Subj.-Satz zu 'ab emptore reddatur', quanti "um welchen Preis", gen. pretii **reddatur** "übergeben", "ausfolgen" **ipsius** gemeint ist der Verkäufer **quam minime detrimento** ≙ quam minimo detrimento, dat. fin.; detrimento esse wird ugs. als Verbalfügung empfunden und daher mit Adv. bestimmt

B

Zu Autor und Werk s. Komm. B zu den Stücken 3 und 7.
licet - denuntiet Der Käufer ist bereits in Abnahme- oder Gläubigerverzug geraten, indem er den Termin der Zumessung versäumt hat, er muß deshalb nicht eigens gemahnt werden (Regel 'dies interpellat pro homine'). **laudandus est** Das Ausschütten wäre zwar rechtmäßig, aber unwirtschaftlich. **si interfuit** bezeichnet ein wirtschaftliches (und damit rechtlich relevantes, schützenswertes) Interesse.
Vgl. dazu § 1419 ABGB:
"Hat der Gläubiger gezögert, die Zahlung anzunehmen; so fallen die widrigen Folgen auf ihn."

C

1. Warum erlaubt Ulpian dem Verkäufer die Vernichtung des Weins, ohne darin einen Verstoß gegen die bona fides zu erblicken?
2. Was stellen Sie sich unter 'vendere vinum bona fide' vor?
3. Was meint Ulpian, wenn er sagt, es sei 'commodius', Gefäße anzumieten?
4. Trifft nach Ulpian den Verkäufer eine rechtliche Pflicht, den Schaden des Käufers möglichst gering zu halten?

35. Sachmängel: Verkauf eines undichten Gefäßes

D 19,1,6,4 (Pomponius im 9. Buch seines Kommentars zum Werk des Sabinus über das 'ius civile')

A

integrum erg. esse; gemeint ist das Gefäß **eo nomine** "aus diesem Grund" **praestabis** "einstehen für", "haften für", mit Akk. **actum sit** "vereinbaren" **ut** "nämlich daß"; expl. **dumtaxat** "höchstens", "nur" **dolum malum ... praestare** "für vorsätzliche Rechtsverletzung haftbar sein" **praestare te debere** AcI, von einem zu ergänzenden 'sagt ein Jurist' abh. **contra putat** "gegenteiliger Ansicht sein" **et** "und zwar" **illud ... observandum** erg. esse; AcI, von putat abh. **in contrarium actum sit** "das Gegenteil vereinbaren" **omnimodo** "auf jeden Fall" **integrum** sc. vas **quod ... praestandum** erg. esse; AcI, von respondisse abh. **et (in locatis)** ≙ etiam **locatis** "vermieten" **Sabinum respondisse** AcI, von refert abh.

B

*Sextus **Pomponius** ist Zeitgenosse des Gaius (2. Jhdt. n. Chr.) und wie dieser als Rechtslehrer tätig. Er hat kein ius respondendi (s. Glossar S. 76), beeindruckt jedoch als Verfasser lehrhaft breiter Kommentarwerke (sein Ediktskommentar dürfte den stattlichen Umfang von 150 libri erreicht haben). Zu **Labeo** s. Komm. B zu Stück 17, zu **Sabinus** s. Komm. B zu Stück 31. **Minicius** war Schüler des Sabinus.*

si vas ... praestabis Der Ausdruck praestare wird in verschiedenen Bedeutungen gebraucht, die jeweils die Verpflichtung eines Schuldners zu einer Schadenersatzleistung bezeichnen: Wenn er dafür einstehen (praestare) muß, daß ein verkauftes Gefäß dicht ist, so haftet er (praestat) für den Schaden, der sich aus der Verletzung dieser Verpflichtung ergibt, d. h. er wird zu einer entsprechenden Zahlung in Geld verurteilt. Der Verkäufer hat dem Käufer ausdrücklich eine bestimmte Eigenschaft der verkauften Sache zugesagt. Fehlt diese, so muß der Verkäufer Schadenersatz leisten, u. zw. unabhängig davon, ob er diesen Mangel kannte. Schadenersatz beschränkt sich nicht auf den Minderwert der Sache, sondern schließt in diesem Fall den Ersatz für sog. Mangelfolgeschäden ein, z. B. den Wert der ausgeronnenen Flüssigkeit und der dadurch ruinierten Sachen. **si vero - debere** Für den Fall, daß keine ausdrückliche Garantieübernahme vorliegt, läßt ein nicht genannter Jurist (der Text ist offensichtlich bei der Digestenkompilation gekürzt worden) den Verkäufer nur für dolus (insbesondere arglistiges Verschweigen des Mangels) haften. **Labeo - debeat** Labeo widerspricht der bisherigen Rechtsauffassung. Nach seiner Meinung soll der Verkäufer so behandelt werden, als hätte er eine stillschweigende Garantie für die Unversehrtheit des Gefäßes übernommen, von der er sich nur durch ausdrückliche Vereinbarung befreien kann.

Moderne Rechtsordnungen tragen dem Umstand Rechnung, daß der Händler besser als der Käufer Mängel an der Ware erkennen und beherrschen kann. Daher soll der Verkäufer unabhängig von Verschulden für alle Mängel einstehen, die den gewöhnlichen Gebrauch der Sache beeinträchtigen (§ 922 ABGB).

Der Schutz vor Schäden, die durch eine fehlerhafte Sache entstehen, wurde durch die Einführung einer verschuldensunabhängigen 'Produkthaftung' (Produkthaftungsgesetz 1988) entscheidend verbessert. Produzent und Händler haften dem Käufer selbst sowie geschädigten Dritten, wenn durch den Fehler an einem Produkt jemand verletzt oder eine andere Sache beschädigt wurde.

Vgl. dazu § 922 ABGB:

"Wenn jemand eine Sache auf eine entgeltliche Art einem andern überläßt, so leistet er Gewähr, daß sie die ausdrücklich bedungenen, oder gewöhnlich dabei vorausgesetzten Eigenschaften habe, und daß sie der Natur des Geschäftes oder der getroffenen Verabredung gemäß benützt, und verwendet werden könne."

§ 923 ABGB:

"Wer also der Sache Eigenschaften beilegt, die sie nicht hat, und die ausdrücklich oder vermöge der Natur des Geschäftes stillschweigend bedungen worden sind; wer ungewöhnliche Mängel ... derselben verschweigt; wer eine nicht mehr vorhandene, oder eine fremde Sache als die seinige veräußert; wer fälschlich vorgibt, daß die Sache zu einem bestimmten Gebrauche tauglich; oder daß sie auch von den gewöhnlichen Mängeln ... frei sei; der hat ... dafür zu haften." ('vermöge' = auf Grund; 'bedungen' = vereinbart)

§ 1 Abs. 1 Produkthaftungsgesetz (1988):

"Wird durch den Fehler eines Produkts ein Mensch getötet, am Körper verletzt oder an der Gesundheit geschädigt oder eine von dem Produkt verschiedene ... Sache beschädigt, so haftet für den Ersatz des Schadens

1. der Unternehmer, der es hergestellt ... hat,
2. der ... Unternehmer, der es ... in den Verkehr gebracht hat."

C

1. Soll der Richter auch den Verkäufer verurteilen, der irrtümlich (gutgläubig) die Unversehrtheit des Gefäßes zugesichert hat?
2. Versuchen Sie, für und gegen den Standpunkt Labeos zu argumentieren

36. Sklaven- und Viehmängel

D 21,1,1,1-2 (Ulpianus im 1. Buch seines Kommentars zum Edikt der kurulischen Ädilen)

A

(1) mancipia "Sklaven", von mancipium, i, n. **morbi, vitii(ve)** gen. part. **fugitivus** "flüchtiger Sklave" **erro(ve)** "Ausreißer", "Streuner" (erro, onis, m.) **noxa(ve)** "Haftung für angerichteten Schaden", abl. sep. **venibunt, venisset, veniret** von veneo, ire; "zum Verkauf kommen", s. Komm. A zu Stück 5 **pronuntianto** 2. Imperativ an die 3. Pers. Pl., in der Rechtssprache häufig **fuisset, quod** "gäbe es einen Grund, daß ..." **eius praestari** "dafür haftbar gemacht werden" **iudicium** "Klageformel" **redhibeatur** "zurückerstatten"
(2) dummodo "sofern nur", mit Konj. **teneri** "haftbar gemacht werden" **nota habere** ≙ novisse; vgl. Komm. A zu Stück 13 nuptias ... constitutas habuerit **interest** "von Bedeutung sein (für)", mit (poss.) Gen. **ignorantia** ≙ utrum ignorantia

B

*Zu **Ulpian** s. Komm. B zu Stück 3. Das Edikt der kurulischen Ädilen (s. Glossar S. 74) war dem prätorischen Edikt (s. Glossar S. 74) als Anhang beigefügt.*

(1) fugitivus errove Ein servus fugitivus hat keine Rückkehrabsicht, ein erro entfernt sich nur vorübergehend, will aber (insbesondere wenn ihm das Geld ausgegangen ist) zu seinem dominus zurückkehren. Diese Mängel werden speziell genannt, da sie nicht unter morbus oder vitium fallen. (Zur engen Auslegung von vitium s. Stück 38.) **noxave solutus** Der dominus haftet für Delikte seiner Sklaven. Diese sog. Noxalhaftung gibt ihm das Recht zu wählen, ob er die Deliktsbuße bezahlen oder den Täter an den Geschädigten ausliefern will (noxae deditio). Die Noxalhaftung haftet an der Person des Täters und geht bei dessen Veräußerung auf den Erwerber über (noxa caput sequitur). **iudicium ... redhibeatur** Mit einer actio redhibitoria erreicht der Käufer die 'Rückabwicklung' des Kaufes: Gegen Rückgabe der mangelhaften Ware erhält er den Kaufpreis rückerstattet.
(2) etiamsi ignoravit Die Ädilen lassen auch jenen Verkäufer haften, der um den Mangel nicht gewußt hat. Diese verschärfte Haftung wurde später auf alle Kaufverträge übertragen, aus denen der Verkäufer ursprünglich nur für dolus, d. h. arglistig verschwiegene Mängel, gehaftet hatte.

C

1. Halten Sie es für richtig, daß das Edikt den Verkäufer auch für Mängel einstehen läßt, um die er nicht wissen konnte (etwa die Infektionskrankheit eines Tieres, die noch nicht ausgebrochen war)?
2. Für welche weiteren Mängel hätten die Ädilen den Verkäufer haften lassen können? Vgl. dazu Stück 38.

37. Die Zahnlücke

D 21,1,11 (Paulus im 11. Buch seines Kommentars zum Werk des Sabinus über das 'ius civile')

A

cui - abest Subj.-Satz **donec** "bis" **habeamus** im Dt. Ind., der Konj. bezeichnet die hypothetische Annahme im Glds.; nachklass. Konstr. **alioquin** "ansonsten", "sonst"

B

Zu Autor und Werk s. Komm. B zu Stück 7.

alioquin - esset Paulus arbeitet hier mit einem sog. argumentum ad absurdum: Er will seine Entscheidung damit bekräftigen, daß er eine gegenteilige Auffassung als absurd und daher unvertretbar hinstellt.

C

Überzeugt Sie die Argumentation des Paulus?

38. Spieler und Trinker

D 21,1,4,2 und 3 (Ulpian im 1. Buch seines Kommentars zum Edikt der kurulischen Ädilen)

A

(2) aleatores "(Würfel-)Spieler" **vinarios** "Trinker", "Säufer" **contineri edicto** "unter das Edikt (d. h. die Bestimmungen des kurulischen Edikts) fallen" **quosdam respondisse** AcI, von ait abh. **quemadmodum** "ebenso wie" **gulosos** "gefräßig", von gula, ae, f. ('Schlund') abgeleitet **impostores** "Betrüger", von impono abgeleitet; vgl. 'jemandem (einen Bären) aufbinden'

(3) idem "auch"; im Dt. Bestimmung des Verbums **valide** ≙ valde; urspr. Form ohne Wegfall (Synkope) des unbetonten i **praestare** "gewährleisten", "garantieren", mit Akk.-Obj. **morionem** "Narr", vom gr. Fremdwort morio, onis, m.; hier entsprechend zu fatuum wie ein Adj. behandelt **videri vitium** AcI, von ait abh., vitium "Mangel", "Fehler" **non - ad** Reihung: non nisi ad corpora pertinere videatur **corpora** "körperliche Mängel" **vitium ... praestabit** "für einen Fehler haften" **ita demum** "nur dann" **si minus** "wenn aber nicht"

B

Zu Autor und Werk s. Komm. B zu den Stücken 3 und 36.

(2) non contineri edicto bedeutet, daß diese Charakterschwächen nicht unter die Begriffe morbus oder vitium fallen.

(3) hoc iure uti verweist auf eine gefestigte Rechtsauffassung.

C

Der Verkäufer hat dem Käufer wissentlich verschwiegen, daß der verkaufte Sklave ein Trinker ist. Kann der Käufer klagen?

Das römische Recht im europäischen Mittelalter

39. Wer darf nicht vor Gericht geladen werden?

Distinctiones Tubingenses Nr. 16;
D 2,4,2 (Ulpian im 5. Buch seines Ediktskommentars);
D 2,4,4,1 (Ulpian im 5. Buch seines Ediktskommentars);
D 2,12,1 pr. (Ulpian im 4. Buch seines Werkes über alle Gerichtshöfe)

A

(Distinctio 16) quis ≙ aliquis **in ius vocari** "vor Gericht laden" **gratia** "mit Rücksicht auf", Präp. mit Gen. **ut** "(wie) zum Beispiel" **pontifex** "Priester" **cognoscit** "(eine Rechtssache) untersuchen", "in einer Rechtssache erkennen" **sic de** "sinngemäß bei" **venia** "Erlaubnis" **necessitatis** "Notwendigkeit", "Interesse" **vindemiarum** "Weinlese", Gen. Pl. **messium** "Ernte", Gen. Pl.
(D 2,4,2) non oportet "man darf nicht"; davon abh. ein AcI mit mehreren Subj.-Akk., der gemeinsame Inf. '(in ius) vocari' ist vorangestellt **coercere** "bestrafen" **propter loci religionem** "wegen der Heiligkeit eines Ortes" **transvehatur** "vorüberreiten" **(in ius) vocari** erg. eum **quis** ≙ aliquis **funus ducentem** "ein Begräbnis durchführen" **iusta(ve) mortuo facientem** "Totenfeier abhalten", "Totenopfer darbringen" (wörtl.?)
(D 2,4,4,1) vocet coni. iuss.
(D 2,12,1 pr.) ne quis ... cogat Begehrsatz (mit abh. AcI), von exprimitur abh. **adversarium** "Prozeßgegner" **oratione divi Marci** "Gesetzesantrag des verstorbenen (eigtl. 'vergöttlichten') Kaisers Mark Aurel" **occupati** Subj., subst. PPP; zur Bed. vgl. engl. occupation **circa rem rusticam** "mit einer landwirtschaftlichen Tätigkeit" **conpellendi** "nötigen", "zwingen"

B

Die distinctio ist mit "b." unterzeichnet, der Abkürzung für ***Búlgarus****, einen berühmten Schüler des Irnerius und Professor in Bologna. Er trat als Berater von Kaiser Friedrich I. Barbarossa auf dem Reichstag von Roncaglia (1158) auf und verfaßte einflußreiche jurist. Werke.*
(Distinctio) divini iuris Ius divinum (ius sacrum, ius pontificium) bezeichnet das Sakralrecht im Unterschied zum weltlichen Recht (ius humanum). **publici, privati** Zur Unterscheidung zwischen öffentlichem und privatem Recht s. Stück 4. **patronus** Der Freigelassene schuldet seinem Freilasser (patronus manumissor) reverentia. Dieser besondere Respekt verbietet, privatrechtliche Ansprüche gegen den patronus gerichtlich geltendzumachen. Ausnahmen konnte der Prätor genehmigen.
(D 2,4,2) praefectum Vorsteher eines kaiserlichen Amtes, insbesondere der praefectus praetorio (s. Glossar S. 78). **imperium - duci** Nicht alle Magistrate genossen gerichtliche Immunität, sondern nur die höheren, die staatliche Hoheitsgewalt ausübten.

(D 2,12,1 pr.) oratione oratio principis ist der kaiserliche Antrag auf Erlassung eines senatus consultum. (Zu diesem als Rechtsquelle s. Stück 2.) Gegen Ende des 2. Jhdts. n. Chr. (Zeit des Kaisers Mark Aurel) stimmte der Senat nicht mehr ab, sondern hörte nur zu. Rechtsquellencharakter wurde folglich bereits dem kaiserlichen Antrag zuerkannt, der im Senat verlesen wurde.

C

1. Was meint Bulgarus in seiner distinctio I(2)(a) mit 'et sic de ceteris'?
2. In welche Kategorie fällt jemand, der 'apud praetorem causam agit' (Ulp. D 2,4,2)?
3. Darf ein Beamter auf Dienstreise vor Gericht geladen werden?
4. Darf ein Freigelassener den Vater seines Patrons auf Rückgabe eines geliehenen Buches klagen?

40. Unterhaltspflicht des Ehemannes

Bartolus, Consilium Nr. 128

A

in uxorem "zur/als Frau" **dominam** "Frau", davon it. donna, span. doña, frz. (ma-)dame **in dotem** "als Mitgift", "als Heiratsgut", von dos, dotis, f. (davon 'dotieren') **florenos** "Gulden", s. Komm. B **decessit** sc. vitā **pupillis** "unmündig" **dicta** "genannt" **moram traxit** "sich durchbringen" **transivit** = transiit, spät- und mittellat. **vota** "Ehe" **stetit** ≙ fuit, "lebte"; ugs. **bene tres annos** "etwa drei Jahre"; ugs. wie im Dt. (wörtl.?) **modo** "dann" **alimenta** "Unterhaltszahlungen" **advertendum** ≙ animadvertendum **petuntur** Präd. eines indir. Fragesatzes im Ind.; ugs. **an** ≙ num **pro parte** "im Interesse" (eigtl. 'für die [Prozeß-]Partei') **tamquam - debeat** "mit der Behauptung, daß die Mutter unterhalten werden müsse" **et - iudicis** "und das liegt im Aufgabenbereich des Richters" **officio iudicis** "Aufgabe des Richters", abl. instr. **tunc** "in diesem Fall" **non potest** "es ist nicht möglich"; ugs. **servitio et opera** "in dessen Dienst"; Hendiadyoin **ut lege - commodati** "vgl. 'lex de rebus', Paragraph 'possunt', Digestentitel 'commodati'" (mittelalterliche Zitierweise eines Digestentextes; neuzeitlich: D 13,6,18,2)

B

Bártolus (Bártolo) de Sassoferrato (1314-57) begann das Studium bereits als Vierzehnjähriger und promovierte in Bologna, wirkte als Richter in Todi und Pisa sowie als Professor in Pisa und Perugia. Er schrieb Kommentare zu Digesten und zum Codex Justinians sowie zahlreiche 'consilia' (Rechtsgutachten). Seine Autorität wurde von keinem anderen mittelalterlichen Juristen erreicht, seine Methode war beispielgebend: Sprichwörtl. wurde der Satz 'Nemo jurista nisi bartolista'.

florenos 1252 begann man in Florenz mit der Prägung einer Goldmünze, die nach dem Stadtsymbol, einer Blume (flos, -oris), genauer einer Lilie, florenus benannt wurde; diese Goldmünze (dt. 'Gulden') fand schnell weithin Nachahmung; in Österreich war bis ins 19. Jhdt. die Abkürzung fl. für Gulden üblich. Der ungarische 'Forint' (durch Vereinfachung des fl zu f; das Ungar. kennt keine Konsonantenhäufung im Anlaut) leitet sich ebenfalls von florenus ab. **Franciscus - alimenta** Thoma hat in die Ehe mit Franciscus eine dos eingebracht. Drei Jahre nach dem Tode des Franciscus geht sie eine neue Ehe ein. Nach weiteren drei Jahren begehrt ihr zweiter Mann von den Erben des Franciscus (den Söhnen des Franciscus und der Thoma) die Herausgabe der dos und Zahlung von Unterhalt für Thoma. **advertendum - illa alimenta** Der Jurist prüft im Folgenden verschiedene mögliche Begründungen für den Anspruch des zweiten Ehemannes. **pro parte - viro** Bartolus meint, der Richter könnte der Frau einen Unterhaltsanspruch gegen ihre Söhne zuerkennen, wenn sie keinen Ehemann hätte. Die von ihm behauptete Unterhaltspflicht des Ehemannes entspricht jedoch nicht dem römischen Recht. Er versucht allerdings, den Rechtsgedanken der Unterhaltspflicht aus anderen Rechtsgebieten heranzuziehen und analog auf die Ehe anzuwenden. **lege - commodati** Gemeint ist Gaius D 13,6,18,2 (unentgeltliche Leihe eines Sklaven): "Für die Kosten von Nahrungsmitteln ... hat kraft natürlicher Vernunft derjenige aufzukommen, der den Sklaven zum Gebrauch übernommen hat ..."

Vgl. § 91 ABGB (alt):

"Der Mann ist das Haupt der Familie. In dieser Eigenschaft steht ihm vorzüglich das Recht zu, das Hauswesen zu leiten; es liegt ihm aber auch die Verbindlichkeit ob, der Ehegattin nach seinem Vermögen den anständigen Unterhalt zu verschaffen, und sie in allen Vorfällen zu vertreten."

§ 7 ABGB:

"Läßt sich ein Rechtsfall weder aus den Worten, noch aus dem natürlichen Sinne eines Gesetzes entscheiden, so muß auf ähnliche, in den Gesetzen bestimmt entschiedene Fälle, und auf die Gründe anderer damit verwandten Gesetze Rücksicht genommen werden. Bleibt der Rechtsfall noch zweifelhaft; so muß solcher mit Hinsicht auf die sorgfältig gesammelten und reiflich erwogenen Umstände nach den natürlichen Rechtsgrundsätzen entschieden werden."

C

Mit welchem Argument könnte der Unterhaltsanspruch der Ehefrau gegen den Ehemann heute begründet werden? Halten Sie auch einen Unterhaltsanspruch des Mannes gegen die Frau für gerechtfertigt?

Römische Rechtsregeln

I. In der Textauswahl dieses Buches angesprochene römische Rechtsregeln:

R 1 Mater semper certa est (Stück 7)

B

Vgl. dazu § 138 Abs. 1 ABGB (Komm. B zu Stück 7).

R 2 Nasciturus pro iam nato habetur (Stück 8)

A

nasciturus "ungeborenes Kind", "Leibesfrucht" **quod** "wenn", fakt. quod **qui nasci speratur** "dessen Geburt erwartet wird", NcI mit Inf. Präs. statt Inf. Fut.; ugs. **pro superstite esse** "als lebend gelten" **prodest** "nützen", "Vorteile bringen"

B

Vgl. dazu § 22 ABGB (Komm. B zu Stück 8).

R 3 Libera matrimonia esse debent (Stück 14)

B

Vgl. dazu die Entscheidung des Obersten Gerichtshofs vom 28. 2. 1962: "Gewiß ist der vertraglich erklärte Verzicht hinsichtlich aller Scheidungstatbestände möglich. Es kann sowohl auf einen bestimmten Scheidungsgrund als auch auf den Scheidungsanspruch überhaupt verzichtet werden. Einer solchen vertraglichen Vereinbarung kommt aber Rechtswirksamkeit nur dann zu, wenn sie nicht dem Wesen der Ehe widerspricht oder den guten Sitten widerstreitet. Der Verzicht auf künftige Scheidungsgründe widerspricht jedoch dem Wesen der Ehe und ist schon deshalb nicht rechtswirksam."

R 4 Nemo plus iuris ad alium transferre potest, quam ipse habet (Stück 21)

B

Vgl. dazu § 442 ABGB:

"Wer das Eigentum einer Sache erwirbt, erlangt auch die damit verbundenen Rechte. Rechte, die auf die Person des Übergebers eingeschränkt sind, kann er nicht übergeben. Überhaupt kann niemand einem andern mehr Recht abtreten, als er selbst hat."

R 5 Superficies solo cedit (Stück 22)

A

superficies "die Oberfläche", d. h. alles, was über den Boden hervorragt, aber mit ihm in Verbindung steht (z. B. Haus, Baum u.ä.) **solo cedit** "zum Boden gehören"; solo ist Dat. **suo nomine** "für sich"

B

Vgl. dazu § 417 ABGB:
"Wenn jemand auf eigenem Boden ein Gebäude aufführt, und fremde Materialien dazu verwendet hat, so bleibt das Gebäude zwar sein Eigentum; doch muß selbst ein redlicher Bauführer dem Beschädigten die Materialien, ... nach dem gemeinen; ein unredlicher aber muß sie nach dem höchsten Preise, und überdies noch allen anderweitigen Schaden ersetzen." (‘gemeinen ... Preis’ = Marktpreis)
§ 420 ABGB:
"Was bisher wegen der mit fremden Materialien aufgeführten Gebäude bestimmt worden ist, gilt auch für die Fälle, wenn ein Feld mit fremden Samen besät, oder mit fremden Pflanzen besetzt worden ist. Ein solcher Zuwachs gehört dem Eigentümer des Grundes, wenn anders die Pflanzen schon Wurzel geschlagen haben." (‘wenn anders’ = sofern)

R 6 Accessio cedit principali (Stück 23)

A

accessio "Zuwachs" **cedit principali** "der Hauptsache zufallen", "zur Hauptsache gehören"; zu principali erg. rei **ornandae** "ausschmücken"

B

Vgl. dazu § 415 ABGB:
"Werden fremde Materialien nur zur Ausbesserung einer Sache verwendet, so fällt die fremde Materie dem Eigentümer der Hauptsache zu, und dieser ist verbunden, nach Beschaffenheit seines redlichen oder unredlichen Verfahrens, dem vorigen Eigentümer der verbrauchten Materialien den Wert derselben zu bezahlen."

R 7 Actori incumbit probatio (Stück 25)

A

actori "Kläger" **incumbit** "obliegen", "auf jemandem lasten"

B

Vgl. dazu § 369 ABGB:
"Wer die Eigentumsklage übernimmt, muß den Beweis führen, daß der Geklagte die eingeklagte Sache in seiner Macht habe, und, daß diese Sache sein Eigentum sei."
§ 370 ABGB:
"Wer eine bewegliche Sache gerichtlich zurückfordert, muß sie durch Merkmale beschreiben, wodurch sie von allen ähnlichen Sachen gleicher Gattung ausgezeichnet wird."

R 8 Malitiis non est indulgendum (Stück 26)

B

Vgl. dazu § 1305 ABGB:
"Wer von seinem Rechte innerhalb der rechtlichen Schranken (§ 1295, Ab-

satz 2) Gebrauch macht, hat den für einen anderen daraus entspringenden Nachteil nicht zu verantworten."

§ 1295 Abs. 2 ABGB:

"Auch wer in einer gegen die guten Sitten verstoßenden Weise absichtlich Schaden zufügt, ist dafür verantwortlich, jedoch falls dies in Ausübung eines Rechtes geschah, nur dann, wenn die Ausübung des Rechtes offenbar den Zweck hatte, den anderen zu schädigen."

R 9 Liberum corpus nullam recipit aestimationem (Stück 27)

A

recipit aestimationem "abgeschätzt werden (können)"

B

Vgl. dagegen § 1325 ABGB:
"Wer jemanden an seinem Körper verletzt, bestreitet die Heilungskosten des Verletzten; ersetzt ihm den entgangenen, oder, wenn der Beschädigte zum Erwerb unfähig wird, auch den künftig entgehenden Verdienst; und bezahlt ihm auf Verlangen überdies ein den erhobenen Umständen angemessenes Schmerzengeld."

R 10 Quod quis ex culpa sua damnum sentit, non intellegitur damnum sentire (Stück 30)

A

quod "wenn", faktisches quod **damnum sentit** "Schaden erleiden", "von einem Schaden betroffen werden" **intellegitur** "(so) verstehen, daß", NcI (als Subj. ist aus dem quod-Satz sinngemäß is zu erg.), im Dt. unpers.

B

Vgl. dazu § 1304 ABGB (Komm. B zu Stück 30).

R 11 Vim vi repellere licet (Stück 32)

B

Vgl. dazu § 19 und § 433 ABGB sowie § 3 StGB (Komm. B zu Stück 32).

R 12 Dies interpellat pro homine (Stück 34)

A

dies "Termin" **interpellat** "mahnen" sc. einer Verpflichtung nachzukommen

B

Vgl. dazu § 903 ABGB:
"Ein Recht, dessen Erwerbung an einen bestimmten Tag gebunden ist, wird mit dem Anfang dieses Tages erworben. Die Rechtsfolgen der Nichterfüllung einer Verbindlichkeit oder eines Versäumnisses treten erst mit dem Ablauf des letzten Tages der Frist ein. Fällt der für die Abgabe einer Erklärung oder

für eine Leistung bestimmte letzte Tag auf einen Sonntag oder anerkannten Feiertag, so tritt an dessen Stelle, vorbehaltlich gegenteiliger Vereinbarung, der nächstfolgende Werktag."

R 13 Caveat emptor (Stück 35)

B

Vgl. dazu § 928 ABGB:
"Fallen die Mängel einer Sache in die Augen ..., so findet außer dem Falle arglistigen Verschweigens des Mangels oder einer ausdrücklichen Zusage, daß die Sache von allen Fehlern ... frei sei, keine Gewährleistung statt."

II. Weitere römische Rechtsregeln

A. Recht und Gerechtigkeit

R 14 Dura lex, sed lex

A

quod rel. Anschluß; gemeint ist die in Komm. B angeführte Bestimmung der lex Iulia **perquam** "überaus"

B

Ein Gesetz muß beachtet werden, auch wenn es im Einzelfall Härten bewirkt. Ulpian legt in D 40,9,12,1 die Bestimmung der lex Iulia de adulteriis (18 v. Chr.) aus, wonach Ehefrauen innerhalb von 60 Tagen nach ihrer Scheidung keine Sklaven freilassen durften, damit diese nicht durch die Freilassung der Folterung zwecks Aufdeckung eines Ehebruchs der Frau entzogen werden konnten. Gilt das Gesetz auch für Sklaven, die als Zeugen nicht in Frage kommen, da sie in der fraglichen Zeit abwesend (etwa in der Provinz) waren? Ulpian weigert sich, vom Wortlaut (verba) des Gesetzes abzuweichen (obwohl er diesen auch unter Berufung auf den Sinn [sententia, voluntas legis] einschränkend auslegen hätte können).

R 15 Lex posterior derogat priori

A

derogat "aufheben", mit Dat. **se** = eam; mittellat. **damno iniuria** "ein zu Unrecht zugefügter Schaden", zu damno erg. dato; iniuria ist Abl.

B

Frühere Gesetze werden durch spätere aufgehoben, wenn dies entweder im späteren Gesetz ausdrücklich angeordnet wird oder das spätere Gesetz inhaltlich in Widerspruch zum früheren steht. Werden Bestimmungen nicht ausdrücklich aufgehoben, so kann die Feststellung, welche Bestimmungen noch in Kraft stehen, oft große Schwierigkeiten bereiten.

Vgl. dazu § 9 ABGB:
"Gesetze behalten so lange ihre Kraft, bis sie von dem Gesetzgeber abgeändert oder ausdrücklich aufgehoben werden."

R 16 Scire leges non hoc est verba earum tenere, sed vim ac potestatem

A

hoc est "das bedeutet" **verba** "Wortlaut" **tenere** "kennen" **vim ac potestatem** "vernünftiger Sinngehalt"; Hendiadyoin

B

Jede Auslegung hat beim Wortlaut anzusetzen, darf jedoch bei diesem nicht stehenbleiben. Hinter dem Buchstaben des Gesetzes ist der Sinn und Zweck aufzuspüren, den der Gesetzgeber im Auge hatte. Ein diesbezüglich zu weit oder zu eng gefaßter Wortlaut ist einschränkend oder erweiternd auszulegen.
Vgl. dazu § 6 ABGB:
"Einem Gesetze darf in der Anwendung kein anderer Verstand beigelegt werden, als welcher aus der eigentümlichen Bedeutung der Worte in ihrem Zusammenhange und aus der klaren Absicht des Gesetzgebers hervorleuchtet."

R 17 Incivile est nisi tota lege perspecta una aliqua particula eius proposita iudicare vel respondere

A

incivile "ungehörig" **nisi ... perspecta** "ohne ... zu berücksichtigen" **proposita** "vorbringen", "ins Treffen führen" **respondere** s. Glossar S. 79: responsum

B

Die Auslegungsregel des Celsus gilt für alle Texte. Die einzelnen Bestimmungen eines Gesetzes oder Vertrages dürfen nicht isoliert für sich gelesen, sondern können nur im Gesamtzusammenhang richtig verstanden werden.
Vgl. dazu § 6 ABGB (s. Komm. B zu Regel Nr. 16).

R 18 Princeps legibus solutus est

A

solutus est "ist befreit", d. h. sie sind auf ihn nicht anzuwenden

B

Im ursprünglichen Zusammenhang, nämlich in Ulpians Kommentar zur lex Iulia et Papia Poppaea (s. Komm. B zu Stück 11), bedeutete dieser Satz, daß der Kaiser ausnahmsweise nicht der Ehegesetzgebung des Augustus unterworfen war, daß also auch ein lediger oder kinderloser Kaiser unbeschränkt erben konnte. Eine allgemeine Entbindung des römischen Kaisers von den Gesetzen bewirkte dieser Satz aber nicht. Erst die Kompilatoren Justinians (s. Glossar S. 73: Digesten) verliehen diesem Satz eine allgemeinere Bedeutung, indem sie ihn aus dem ursprünglichen Zusammenhang herauslösten und in das erste Buch der Digesten setzten. In dieser Form wurde er in späteren Jahrhunderten zur Legitimation absolutistischer Fürstenherrschaft herangezogen.

B. Prozeß

R 19 In dubio pro reo

A

favorabiliores ... habentur "als begünstigungswürdiger betrachten" **rei** Nom. pl. zu reus, i m. "Beklagter" (im Zivilprozeß); auch "Angeklagter" (im Strafprozeß) **actores** "Kläger" (Zivilprozeß) **de suspicionibus** "aufgrund von Vermutungen" **satius** "besser", "nützlicher", Komp. von satis (wörtl.?)

B

Der Grundsatz gilt für den Zivil- und für den Strafprozeß: Der Kläger bzw. Ankläger ist beweispflichtig, die Lage des Beklagten (Angeklagten) wird dadurch begünstigt.

Insbesondere wegen der gewichtigen Folgen einer strafgerichtlichen Verurteilung darf nur dann eine Strafe verhängt werden, wenn die Schuld des Angeklagten zweifelsfrei bewiesen ist. Aus rechtsstaatlichen Überlegungen soll eher ein möglicherweise Schuldiger freigesprochen als ein Unschuldiger verurteilt werden.

Vgl. dazu § 259 Ziffer 3 StPO (Strafprozeßordnung):

"Der Angeklagte wird durch Urteil des Gerichtshofes von der Anklage freigesprochen: wenn der Gerichtshof erkennt, daß die der Anklage zugrunde liegende Tat vom Gesetze nicht mit Strafe bedroht oder der Tatbestand nicht hergestellt oder nicht erwiesen sei, daß der Angeklagte die ihm zur Last gelegte Tat begangen habe, ..."

Art. 6 Abs. 2 Europäische Menschenrechtskonvention (aus dem Jahre 1950):

"Bis zum gesetzlichen Nachweis seiner Schuld wird vermutet, daß der wegen einer strafbaren Handlung Angeklagte unschuldig ist."

R 20 Ne bis in idem

A

idem "dieselbe (rechtliche) Angelegenheit", prägnanter Gebr.; als Präd. ist "soll geklagt werden" zu erg.

B

Im römischen Recht konnte sich der Beklagte gegen die neuerliche actio des Klägers mit einer exceptio (rei iudicatae vel in iudicium deductae) zur Wehr setzen. Im modernen Verfahrensrecht bedeutet dieser Grundsatz, daß kein Verfahren geführt werden darf, wenn über die Angelegenheit rechtskräftig (= unanfechtbar; res iudicata) entschieden wurde oder bereits ein Verfahren anhängig ist. Dadurch soll bewirkt werden, daß eine Entscheidung einen

Rechtsstreit endgültig erledigt, und verhindert werden, daß eine zweite, womöglich entgegengesetzte Entscheidung ergeht.
Vgl. dazu § 233 Abs. 1 ZPO (Zivilprozeßordnung):
"Die Streitanhängigkeit hat die Wirkung, daß während ihrer Dauer über den geltend gemachten Anspruch weder bei demselben noch bei einem anderen Gerichte ein Rechtsstreit durchgeführt werden darf. Eine während der Streitanhängigkeit wegen des nämlichen Anspruches angebrachte Klage ist auf Antrag oder von Amts wegen zurückzuweisen." (‘Streitanhängigkeit: es läuft bereits ein anderes Verfahren über den ‘nämlichen’, d. h. denselben Anspruch; ‘angebrachte’ = bei Gericht eingebrachte)

R 21 Nullum crimen, nulla poena sine lege

A

irrogatur "verhängen", "auferlegen" **quae** wie ea, quae zu übers. **quaque** = et aliqua **quo** wie aliquo zu übersetzen **specialiter** "im besonderen" **imposita est** "festsetzen"

B

Andere gebräuchliche Formulierungen: nullum crimen (nulla poena) sine lege praevia (certa, scripta).
Eine Tat stellt nur dann ein Verbrechen dar, wenn sie bereits zur Zeit ihrer Begehung mit einer bestimmten, in einem Gesetz festgelegten Strafe bedroht war. Während es in anderen Rechtsbereichen möglich ist, sog. Rechtslücken durch analoge Anwendung von Vorschriften zu füllen, die für ähnliche Fälle gelten, darf ein Strafrichter einen Angeklagten nur verurteilen, wenn dessen Verhalten zur Tatzeit strafbar war. Die Schaffung von strafrechtlichen Sanktionen steht nur dem Gesetzgeber zu.
Vgl. dazu § 1 Abs. 1 StGB (Strafgesetzbuch):
"Eine Strafe oder eine vorbeugende Maßnahme darf nur wegen einer Tat verhängt werden, die unter eine ausdrückliche gesetzliche Strafdrohung fällt und schon zur Zeit ihrer Begehung mit Strafe bedroht war."
Art. 7 Abs. 1 Europäische Menschenrechtskonvention (aus dem Jahre 1950):
"Niemand kann wegen einer Handlung oder Unterlassung verurteilt werden, die zur Zeit ihrer Begehung nach inländischem oder internationalem Recht nicht strafbar war. Ebenso darf keine höhere Strafe als die im Zeitpunkt der Begehung der strafbaren Handlung angedrohte Strafe verhängt werden."

C. Privatrecht

R 22 Error iuris nocet

B

Die römischen Juristen unterscheiden zwischen error facti (Tatsachenirrtum) und error iuris (Rechtsirrtum). Für die Anwendung eines Gesetzes auf eine Person kommt es grundsätzlich nicht darauf an, ob diese das Gesetz kennt.

Angesichts der modernen 'Gesetzesflut' wird jedoch dann, wenn an die Verletzung einer Vorschrift Sanktionen geknüpft sind (z. B. Schadenersatz, Strafen), berücksichtigt, ob die Kenntnis dieser Norm zumutbar war oder nicht. Dabei wird vorausgesetzt, daß der Kernbestand zivil- und strafrechtlicher Vorschriften jedermann bekannt ist. Handelt es sich um Rechtsvorschriften spezielleren Inhaltes, so wirkt ihre Unkenntnis als Entschuldigungsgrund, es sei denn, daß diese Vorschriften dem Betroffenen auf Grund seiner beruflichen Stellung u. ä. bekannt sein hätten müssen. Auch der römische Jurist Paulus ließ bereits fallweise Ausnahmen zugunsten Minderjähriger und Frauen (propter infirmitatem sexus) zu.
Vgl. dazu § 2 ABGB:
"Sobald ein Gesetz gehörig kundgemacht worden ist, kann sich niemand damit entschuldigen, daß ihm dasselbe nicht bekannt geworden sei."
§ 9 Abs. 2 StGB (Strafgesetzbuch):
"Der Rechtsirrtum ist dann vorzuwerfen, wenn das Unrecht für den Täter wie für jedermann leicht erkennbar war oder wenn sich der Täter mit den einschlägigen Vorschriften nicht bekannt gemacht hat, obwohl er seinem Beruf, seiner Beschäftigung oder sonst den Umständen nach dazu verpflichtet gewesen wäre."

R 23 Prior tempore potior iure

A

tempore, iure "hinsichtlich ...", abl. limit. **potior** "stark"; Komp. zu potis, e

B

Haben mehrere Personen ähnliche, konkurrierende Rechte (in der Regel Pfandrechte) erworben, so ist die Position desjenigen stärker, der das Recht zuerst erworben hat. ("Wer zuerst kommt, mahlt zuerst".)
Vgl. dazu § 29 Grundbuchsgesetz:
"(1) Die Rangordnung einer Eintragung richtet sich nach dem Zeitpunkt, in dem die Eingabe bei dem Grundbuchsgericht eingelangt ist.
(2) Eintragungen, die infolge gleichzeitig eingelangter Eingaben vorgenommen worden sind, stehen untereinander in gleicher Rangordnung."

R 24 Qui tacet, consentire videtur

B

Schweigen gilt dann (und nur dann) als Zustimmung, wenn der Schweigende sprechen hätte müssen.
Vgl. dazu § 1081 ABGB:
"Ist die Sache zum Zwecke der Besichtigung oder Probe bereits übergeben, so gilt Stillschweigen des Käufers bis nach Ablauf der Probezeit als Genehmigung."

Glossar

ABGB: Österreichisches Allgemeines bürgerliches Gesetzbuch von 1811, in Kraft getreten 1812. Das ABGB folgt in seiner Systematik den Gaius-Institutionen und läßt auch in seinem Inhalt deutlich den Einfluß des röm. Rechts, teilweise sogar in einzelnen Formulierungen, erkennen. Das ABGB bemühte sich um eine auch für Laien verständliche Sprache. Zu größeren Änderungen (Novellierungen) des ABGB kam es vor allem zwischen 1914 und 1916 unter dem Einfluß des deutschen BGB (s. u.) und in den 70er Jahren des 20. Jhdts., als das Familienrecht an geänderte Wertvorstellungen angepaßt wurde.

actio: "Klage"; Mittel zur Durchsetzung eines behaupteten Rechtes im Zivilprozeß.

actio furti: s. furtum

actio in factum: Vom Prätor für einen bisher ungeregelten Sachverhalt neugeschaffene Klage.

actio utilis: Vom Prätor im Fall der Unanwendbarkeit einer bestehenden actio in Anlehnung an diese actio neugeschaffene Klage.

Beklagter: Person, gegen die ein privatrechtlicher Anspruch gerichtlich geltendgemacht wird (Zivilprozeß).

Besitz: Gewollte tatsächliche Herrschaft über eine Sache, unabhängig vom Recht über diese Sache (s. possessor).

Beweisverfahren: Jener Teil eines gerichtlichen Verfahrens, in dem die Parteien die Richtigkeit ihrer Behauptungen durch Beweismittel wie Zeugen, Urkunden u. ä. darlegen müssen.

BGB: Deutsches bürgerliches Gesetzbuch von 1896, in Kraft getreten 1900. Das BGB entstammt der Tradition der am röm. Recht orientierten Zivilrechtswissenschaft des 19. Jhdts. Es folgt im Aufbau dem in Universitätsvorlesungen entwickelten sog. Pandektensystem (von Pandekten; s. Digesten) und ist auch inhaltlich stark römischrechtlich geprägt. Es verwendet eine juristische Fachsprache, die sich vor allem an Spezialisten wendet. Das BGB hat großen Einfluß auf die Novellen des ABGB, auf das schweizerische ZGB (s. S. 80) sowie auf andere Gesetzgebungswerke in aller Welt (z. B. in Japan, China, Griechenland) ausgeübt.

bona fides: "Treu und Glauben", "Redlichkeit". Wertvorstellung und ethischer Maßstab, nach dem sich ein anständiger Römer (bonus pater familias) verhält. Anhand der bona fides bestimmen die röm. Juristen den Inhalt vertraglicher Pflichten und die Zulässigkeit der Geltendmachung privatrechtlicher Ansprüche im Prozeß (s. exceptio doli).

Codex Iustinianus: Teil des später sog. Corpus iuris civilis. Von Kaiser Justinian (527 - 565) veranlaßte Aufzeichnung von Rechtssetzungsakten (Verordnungen, Urteilen usw.) röm. Kaiser von Hadrian bis Justinian in 12 Büchern.

consilium (principis): Kreis von Ratgebern, welche den Kaiser in wichtigen Angelegenheiten berieten. Kaiser Hadrian richtete das consilium als eine Art permanenten Staatsrat ein, dessen Mitglieder auf Lebenszeit ernannt wurden. Als Mitglieder des kaiserlichen consilium konnten die Juristen auch wesentlichen Einfluß auf die kaiserliche Gesetzgebung und Rechtsprechung nehmen.

constitutio principis: "Kaiserkonstitution". Sammelbezeichnung für kaiserliche Rechtssetzungsakte, z. B. generelle Regelungen (edicta), Urteile in Zivil- und Strafprozessen (decreta) und Reskripte (s. S. 79).

Corpus iuris (civilis): Sammelname für die Institutiones Iustiniani, die Digesten und den Codex Iustinianus.

culpa: Ausdruck, der sowohl den Oberbegriff "Verschulden" (der Fahrlässigkeit und Vorsatz [s. dolus] einschließt) als auch speziell den Begriff "Fahrlässigkeit" bezeichnen kann.

Deliktsfähigkeit: s. Handlungsfähigkeit

Deliktsrecht: Jener Teil des Privatrechts, der die Rechtsfolgen unerlaubten Verhaltens behandelt. Delikte wie Körperverletzung, Diebstahl, Betrug, die heute auch im Strafprozeß verfolgt werden, zählten in Rom ausschließlich zum Privatrecht. Der Täter wurde im Zivilprozeß zu Schadenersatz und Buße (Geldzahlung an den Geschädigten) verurteilt.

detentor: s. possessor

Digesten: Von Kaiser Justinian (527 - 565) um 530 veranlaßte Sammlung von Exzerpten aus Schriften klassischer Juristen. Bei der Herstellung der Digesten wurden die Juristentexte von den sog. Kompilatoren (von compilare "ausbeuten"), den Mitgliedern einer vom Kaiser beauftragten Kommission unter der Leitung des 'Gesetzgebungsministers' Tribonian, durch Kürzung und inhaltliche Anpassung an die geänderte Rechtslage bearbeitet. Die Digesten gliedern sich in 50 Bücher, welche insgesamt in 430 'Titel' (tituli, "Sachgebiete") unterteilt sind. Die einzelnen Titel bestehen aus sog. Fragmenten, d. h. Exzerpten aus Schriften 34 verschiedener röm. Juristen. Die Digesten bilden nicht nur die wichtigste Quelle für die Kenntnis des röm. Rechts, sondern sind zugleich die bedeutendste europäische Rechtsaufzeichnung. Sie übten einen außerordentlich großen Einfluß auf die Entwicklung des Rechts in allen Erdteilen aus.

dolus: "Vorsatz", "böse Absicht", "Arglist", "Treuwidrigkeit". Im Bereich des Schadenersatzrechts der lex Aquilia bezeichnet dolus die bewußte und gewollte Schadenszufügung. Im Vertragsrecht wird unter dolus meist der Verstoß gegen die bona fides verstanden.

Dominat: Bezeichnung der röm. Kaiserzeit vom Beginn der Herrschaft Diokletians bis zum Tode Justinians I. (284 - 565). Im Unterschied zum Prinzipat regiert im Dominat der Kaiser unverhüllt als absoluter Monarch, der sich auch als dominus (ac deus) bezeichnen läßt.

Edikt des Prätors: Die wichtigsten Aufgaben des Prätors (praetor urbanus) lagen auf dem Gebiet der Gerichtsbarkeit. Am Beginn seines Amtsjahres verkündete jeder Prätor ein Edikt, in welchem er die Klagen und Einreden (s. exceptio) aufzählte, die er zu gewähren bereit war. Diese dienten vor allem zur Durchsetzung von Ansprüchen, die auf dem ius civile beruhten. Manchmal korrigierte jedoch der Prätor auch Härten des ius civile und schuf ad hoc neue Klagen und Einreden. Die Prätoren übernahmen grundsätzlich die Edikte ihrer Vorgänger, paßten sie jedoch an geänderte Verhältnisse an. Um 130 n. Chr. ließ Kaiser Hadrian (117 - 138) das Edikt durch den Juristen Julian abschließend redigieren (sog. edictum perpetuum). Änderungen des Edikts durch die Prätoren waren ab diesem Zeitpunkt nicht mehr möglich, die Rechtsfortbildung erfolgte fortan in den kaiserlichen Kanzleien (s. Reskript).

Edikte der kurulischen Ädilen: Die kurulischen Ädile führten u. a. die Aufsicht über die Sklaven- und Großviehmärkte in Rom. Ihre Marktedikte enthielten Vorschriften über die Haftung des Verkäufers für Mängel der verkauften Sachen.

Ediktskommentar: Die wichtigste und umfangreichste Gattung der klassischen Rechtsliteratur waren die Kommentare zum Edikt des Prätors. Die Juristen teilten in ihnen zuerst den Wortlaut des Ediktes mit und kommentierten diesen sodann ausführlich unter Einbeziehung von Fallmaterial und Ansichten früherer Juristen. Solche Kommentare verfaßten beispielsweise Labeo (30 Bücher), Pomponius (150 Bücher), Paulus (80 Bücher) und Ulpian (83 Bücher). Daneben existierten auch Kommentare zum Edikt der kurulischen Ädilen und zu den Edikten der Provinzstatthalter.

Ehe, gewaltfreie: Eheform, bei der die Frau nicht in die manus-Gewalt ihres Gatten (s. manus-Ehe) eintrat, sondern entweder in der patria potestas ihres bisherigen 'Gewalthabers' oder 'gewaltfrei' (sui iuris) blieb.

Eigentum: Das umfassendste Recht einer Person über eine Sache. Der Eigentümer darf die Sache ge- und verbrauchen, zerstören oder an einen anderen übertragen; er kann jeden anderen von der Einwirkung auf diese seine Sache ausschließen. Kommt dem Eigentümer die Sache unfreiwillig abhanden, so kann er sie mittels rei vindicatio (s. S. 79) vom jeweiligen Besitzer herausfordern.

Eigentümer: s. Eigentum

Einrede: s. exceptio

exceptio: "Prozeßeinrede". Verteidigungsmittel des Beklagten, mit dem er den Anspruch des Klägers (s. actio) zu entkräften sucht.

exceptio doli: "Einrede der Treuwidrigkeit". Mit der exceptio doli kann sich der Beklagte gegen einen Anspruch wehren, dessen gerichtliche Geltendmachung gegen Treu und Glauben (s. bona fides) verstößt.

Fahrlässigkeit: Außerachtlassung der gebotenen Sorgfalt (s. culpa).

Frühklassiker: s. klassische Juristen

furtum: Die Grundbedeutung von furtum ist Diebstahl (vgl. § 127 StGB "Wer eine fremde bewegliche Sache einem anderen mit dem Vorsatz wegnimmt, sich oder einen Dritten durch deren Zueignung unrechtmäßig zu bereichern ..."). Die röm. Juristen verstanden darüber hinaus unter furtum auch andere Formen der Entziehung fremder beweglicher Sachen in Bereicherungsabsicht, wie Unterschlagung (z. B. Behalten einer gefundenen Sache) und Veruntreuung (z. B. der Verwahrer verkauft die hinterlegte Sache). Gegen den Dieb (fur) konnte der Bestohlene im Zivilprozeß vorgehen, indem er mit einer condictio furtiva Wertersatz für die abhandengekommene Sache und zusätzlich mittels actio furti den doppelten Wert der Sache als Buße verlangte.

Geschäftsfähigkeit: s. Handlungsfähigkeit

Gutgläubigkeit: s. bona fides

Handlungsfähigkeit: Besteht aus der 'Geschäftsfähigkeit', d. h. der Fähigkeit, selbst Rechtsgeschäfte (z. B. Verträge) gültig abzuschließen, und der 'Deliktsfähigkeit', d. h. für rechtswidriges Verhalten selbst einstehen zu können (Schadenersatz, Bestrafung; s. Deliktsrecht). Handlungsunfähig sind Kinder (bis zu 7 Jahren) und Geisteskranke, da diesen Personen die Einsicht in die Folgen ihres Verhaltens fehlt. Nur beschränkt handlungsfähig sind beispielsweise unmündige Minderjährige (7-14 Jahre). Sie sind nicht deliktsfähig und können nur solche Rechtsgeschäfte abschließen, die ihnen Vorteile bringen.

Hochklassiker: s. klassische Juristen

Inhaber: s. possessor

iniuria: Unter iniuria verstehen die röm. Juristen bei der Interpretation der lex Aquilia sowohl die "Rechtswidrigkeit" (Verstoß gegen die Rechtsordnung) als auch das "Verschulden" (Vorwerfbarkeit des rechtswidrigen Verhaltens). Daneben bezeichnet iniuria auch das selbständige Delikt 'Persönlichkeitsverletzung' (z. B. Beschimpfung, [Verbalinjurie], oder Körperverletzung an einem freien Römer [Realinjurie]).

Institutiones Gaii: Um 160 n. Chr. entstandene Einführung in das röm. Privatrecht für Anfänger in vier Büchern. Die Gaius-Institutionen sind das einzige Werk eines röm. Juristen, das nahezu zur Gänze überliefert ist.

Institutiones Iustiniani: An die Gaius-Institutionen angelehntes und von Kaiser Justinian (527 - 565) um 533 autorisiertes Lehrwerk in vier Büchern. Teil des später sog. Corpus iuris civilis.

ius civile: Das nur für röm. Bürger geltende Recht. Es bestand aus mündlich überlieferten Rechtsvorstellungen, den Zwölf Tafeln sowie späteren Gesetzen (Republik; s. lex) und senatus consulta (Kaiserzeit). Das ius civile wurde von röm. Juristen in umfangreichen Werken dargestellt und kommentiert.

ius gentium: Römisches Recht, das bei Streitigkeiten zwischen Römern und Nichtrömern bzw. von Nichtrömern untereinander angewendet wurde, wenn diese vor einem röm. Gericht verhandelt wurden. Die einfachen und zweckmäßigen Bestimmungen des ius gentium (die z. T. auf gemeinsamen Rechtsvorstellungen der antiken Welt beruhten) fanden später auch bei Rechtsstreitigkeiten zwischen röm. Bürgern Anwendung.

ius privatum: s. Privatrecht

ius publicum: s. öffentliches Recht

ius respondendi: Von den Kaisern an bedeutende Juristen verliehenes Recht, Rechtsgutachten im Namen des Kaisers zu erteilen (ius respondendi ex auctoritate principis). Eine Rechtsansicht, über die unter den solchermaßen ausgezeichneten Juristen Einhelligkeit herrschte, hatte seit der Zeit Kaiser Hadrians Gesetzeskraft.

Kläger: Person, die zur Durchsetzung eines (behaupteten) privatrechtlichen Anspruches ein Gericht anruft (s. Zivilprozeß).

klassische Juristen: Bezeichnung der röm. Juristen, welche in der Blütezeit der röm. Rechtskultur wirkten. Man unterscheidet Frühklassiker (1. Jhdt. n. Chr.; z. B. Labeo, Proculus, Sabinus), Hochklassiker (2. Jhdt. n. Chr.; z. B. Celsus, Julian, Gaius, Pomponius) und Spätklassiker (unter den Severerkaisern [193-235 n. Chr.]; z. B. Papinian, Paulus, Ulpian).

Kompilatoren: s. Digesten

lex (lex publica, lex rogata): Gesetz, das auf Antrag eines Magistrats (meist eines Konsuls) in der Volksversammlung beschlossen wurde. Das Gesetz ist nach dem Gentilnamen des Antragstellers benannt (z. B. lex Hortensia, von einem Hortensius beantragt), Doppelnamen bezeugen eine gemeinsame Antragstellung beider Konsuln.

Magistrat: magistratus heißt sowohl das öffentliche Amt als auch der Amtsträger. Magistraturen sind republikanische Einrichtungen, die im Prinzipat beibehalten wurden, jedoch schrittweise an Bedeutung verloren. Magistrate werden zur Zeit der Republik in der Volksversammlung gewählt, ihre Funktion ist ein unbezahltes Ehrenamt (honos). Höhere Magistrate (Konsul, Prätor) üben ein umfassendes imperium (staatliche Hoheitsgewalt) aus, niedrigeren Magistraten (Ädil, Quästor usw.) steht eine beschränkte Amtsgewalt (potestas) zu. Grundprinzipien der republikanischen Magistratur sind Annuität (Wahl auf ein Jahr), Kollegialität (jedes Amt wird durch zwei oder mehrere Amtsträger besetzt) und Aufstieg im cursus honorum (in ein höheres Amt kann nur gewählt werden, wer das nächstniedrigere bereits ausgeübt hat).

mancipatio: s. res mancipi

manus-Ehe: Eheform, bei der die Ehefrau aus der patria potestas ihres pater familias ausschied und in die Hausgewalt (manus) ihres Gatten kam. Zur Begründung der manus bedurfte es eines besonderen formellen Aktes. Inhaltlich entsprach die manus-Gewalt der patria potestas über eine Tochter.

matrimonium (iustum): Ehe zwischen röm. Bürgern. Aus einem matrimonium iustum hervorgegangene Kinder erlangten das röm. Bürgerrecht und standen unter der patria potestas ihres Vaters. Das Recht, ein matrimonium iustum einzugehen, konnte durch die Verleihung des sog. conubium auf Nichtrömer erstreckt werden.

mos maiorum (seltener **mores maiorum**): "Vätersitte". Auf mündlicher Überlieferung beruhende Rechts- und Moralvorstellungen.

öffentliches Recht (ius publicum): jener Rechtsbereich, welcher (im Gegs. zum Privatrecht) der Wahrung der Interessen der Gemeinschaft und des Staates dient. Für das öffentliche Recht ist das Verhältnis von Über- und Unterordnung zwischen Staat(sgewalt) und Bürger charakteristisch. Zum öffentlichen Recht zählen vor allem das Verfassungs- und Verwaltungsrecht sowie das Strafrecht.

patria potestas: Hausgewalt des pater familias über die Kinder (filius, filia familias). Unter patria potestas stehende Kinder konnten kein eigenes Vermögen haben; alles, was sie erwarben, fiel an den pater familias. Die patria potestas erstreckte sich ursprünglich auch auf das Recht über Leben und Tod (ius vitae necisque). Sie endete durch den Tod das pater familias, durch die förmliche Entlassung aus der Hausgewalt (emancipatio) oder durch den Eintritt einer filia familias in die manus-Gewalt ihres Ehegatten (manus-Ehe).

Peregrine (peregrinus): Jemand, der nicht Bürger Roms war und der daher dem röm. ius civile nicht unterlag. Für Peregrine galt das ius gentium, und für Streitigkeiten zwischen Römern und Peregrinen sowie zwischen Peregrinen untereinander wurde bereits 242 v. Chr. ein eigener praetor peregrinus eingesetzt. Bis zur Verleihung des röm. Bürgerrechtes an alle Bewohner des röm. Reiches durch die sog. Constitutio Antoniniana 212 n. Chr. war der Großteil der Bevölkerung des röm. Reiches Peregrine.

Personalvollstreckung: Durchsetzung (Vollstreckung, Exekution) eines Urteils durch Zugriff des Gläubigers auf die Person des Schuldners, der dadurch der sog. Schuldknechtschaft verfiel. Er konnte sodann entweder ausgelöst oder als Sklave ins Ausland verkauft werden.

plebiscitum: Gesetzesbeschluß, der auf Antrag eines Volkstribuns in den concilia plebis gefaßt wurde. Seit der lex Hortensia (286 v. Chr.) waren plebiscita nicht allein für die Plebejer, sondern für das Gesamtvolk verbindlich und wurden deshalb auch oft als leges bezeichnet.

possessor: "Besitzer"; jemand, der die faktische Herrschaft über eine Sache mit dem Willen ausübt, diese Sache wie ein Eigentümer für sich zu haben.

Besitz ist unabhängig vom Recht an der Sache (Eigentum), auch der Dieb ist Besitzer. Übt jemand die Sachherrschaft ohne Eigenbesitzwillen aus (etwa, weil er die Sache für einen anderen verwahrt), so ist er nur Inhaber (detentor).

praefectus praetorio: Kommandant der kaiserlichen Leibgarde (Prätorianer). Da der Prätorianerpräfekt im Laufe der Entwicklung wesentliche Funktionen in der Zivilverwaltung und Rechtsprechung erwarb, wurde dieses Amt oft von bedeutenden Juristen bekleidet.

praetor peregrinus: 242 v. Chr. wurde für Rechtsstreitigkeiten, an denen nicht nur röm. Bürger beteiligt waren, das Amt des praetor peregrinus ("Fremdenprätor"; s. Peregrine) geschaffen. Im Verfahren vor dem praetor peregrinus wurden vielfach einfachere und zweckmäßigere Regelungen entwickelt, als sie das ius civile vorsah, weshalb diese später durch den praetor urbanus auch auf Streitigkeiten zwischen röm. Bürgern angewandt wurden.

Prinzipat: Bezeichnung der röm. Kaiserzeit vom Beginn der Herrschaft des Augustus bis zur Thronbesteigung Diokletians (27 v. - 284 n. Chr.). Der Kaiser übt im Grunde unbeschränkte politische Macht aus, knüpft jedoch zwecks Legitimierung seiner Herrschaft an republikanische Traditionen an, etwa durch formelle Beibehaltung republikanischer Magistraturen (Konsulat, Prätur), Beschäftigung des Senats mit Gesetzgebung und Betonung des Herrschertitels princeps senatus ("Senatsältester").

Privatrecht (ius privatum, Zivilrecht): Regelt die Rechtsbeziehungen zwischen den einzelnen Menschen unter dem Gesichtspunkt der Gleichberechtigung und weitgehender Berücksichtigung des Individualinteresses (Verfügung über Privateigentum, freie Gestaltung von Lebensverhältnissen durch Verträge, usw.).

Prokulianer: Rechtsschule, entstanden im 1. Jhdt. n. Chr., der u. a. die Juristen Labeo, Proculus, Neratius und Celsus angehörten. Bei der Entscheidungsfindung neigte die prokulianische Schule zu innovativen Lösungen und zur Betonung logischer Zusammenhänge.

Realinjurie: s. iniuria

Recht: s. Privatrecht, öffentliches Recht

Rechtserkenntnis: Ermittlung des geltenden Rechts (etwa durch Gesetzesauslegung) und dessen Wiedergabe (z. B. in einem richterlichen Urteil) oder Darstellung (z. B. in juristischen Lehrbüchern).

Rechtserzeugung: Schöpfung neuer Rechtsvorschriften. Die Rechtserzeugung erfolgte in Rom nicht nur durch die staatlichen Organe (Volksversammlungen, Prätor, Senat, Kaiser), sondern auch durch die responsa von Juristen (s. ius respondendi).

Rechtsfähigkeit: Fähigkeit, Träger von Rechten und Pflichten zu sein. Nach heutiger Auffassung ist jeder Mensch rechtsfähig und damit 'Person' im

Rechtssinn. Die antiken Rechte sprachen dem Sklaven die Rechtsfähigkeit weitgehend ab.

Rechtsschulen: s. Sabinianer, Prokulianer

rei vindicatio: "Eigentumsklage" (s. Eigentum). Die rei vindicatio dient dem Schutz des Eigentümers einer Sache. Wenn er den Besitz (d. h. die tatsächliche Gewalt über die Sache) verloren hat, kann er mittels dieser Klage die Sache von jedem Besitzer zurückverlangen.

res mancipi: Sachen, die auf Grund ihrer wirtschaftlichen Bedeutung normalerweise nur durch mancipatio, einen formellen Akt in Anwesenheit mehrerer Zeugen, in das Eigentum übertragen werden konnten. Solche Sachen waren beispielsweise Grundstücke, Sklaven sowie Zug- und Tragtiere.

Reskript: Kaiserliche Entscheidung in einer Streitsache über Anfrage eines Beamten, eines Richters oder einer Privatperson. Reskripte gelten grundsätzlich nur für den Einzelfall, werden aber von den Richtern auch in ähnlichen Fällen beachtet. Die Bearbeitung der Anfragen erfolgte in eigenen kaiserlichen Kanzleien, denen oft bedeutende Juristen vorstanden.

responsum: Rechtsgutachten eines röm. Juristen, das zwar rechtlich unverbindlich war, auf Grund der fachlichen Autorität des Juristen jedoch vom Prätor oder Richter als Feststellung des geltenden Rechtes betrachtet wurde. Ein responsum enthält die Darstellung des Sachverhaltes, die Rechtsfrage und die (meist sehr knappe) Antwort des Juristen.

Sabinianer: Rechtsschule, entstanden im 1. Jhdt. n. Chr. Ihr gehörten u. a. die Juristen Sabinus, Cassius, Javolen, Julian und Gaius an. Die Juristen der sabinianischen Schule bevorzugten traditionelle und pragmatische Lösungen.

senatus consultum: "Beschluß des Senates". In republikanischer Zeit waren senatus consulta rechtlich unverbindliche Ratschläge an Magistrate (meist die Konsuln), die jedoch wegen des politischen Gewichtes des Senates durchwegs beachtet wurden. In der Kaiserzeit erhielten sie Gesetzeskraft.

Spätklassiker: s. klassische Juristen

Strafprozeß: Gerichtliches Verfahren zur Durchsetzung eines staatlichen Strafanspruches gegen eine Person. Im Unterschied zu heute sah das röm. Recht solche Strafverfahren nur dann vor, wenn besondere öffentliche Interessen durch ein rechtswidriges Verhalten des Täters beeinträchtigt wurden (z. B. Mord, Hochverrat). Bei vielen Delikten, die heute strafrechtlich geahndet werden (z. B. Diebstahl, Körperverletzung usw.), überließ das röm. Recht die Verfolgung dem Geschädigten selbst im Zivilprozeß. Der Kläger erhielt Schadenersatz und eine Bußzahlung in Geld zugesprochen.

Testierfähigkeit: Die Fähigkeit, ein gültiges Testament errichten zu können. Sie fehlt Unmündigen und ursprünglich auch Frauen.

Treu und Glauben: s. bona fides
Treuwidrigkeit: s. dolus
Verbalinjurie: s. iniuria
Vermögensexekution: Durchsetzung (Vollstreckung, Exekution) eines Urteils durch Zugriff auf das Vermögen des Schuldners. Im röm. Recht wurden nicht einzelne Vermögensgegenstände verwertet, sondern es wurde grundsätzlich das gesamte Vermögen des Schuldners versteigert, um aus dem Erlös die Forderung des Gläubigers zu befriedigen.
Vermögensfähigkeit: Fähigkeit, selbst Träger von in Geld bewertbaren Rechten zu sein (z. B. Eigentum, Forderungsrechten). Heute kommt die Vermögensfähigkeit als Teil der Rechtsfähigkeit jedem Menschen zu. Das röm. Recht sprach sie nicht nur Sklaven ab, sondern auch jenen Personen, die unter patria potestas oder manus-Gewalt standen (s. manus-Ehe).
Vorsatz: s. dolus
ZGB: Schweizerisches Zivilgesetzbuch von 1907, in Kraft getreten 1912. Anders als das deutsche BGB vermeidet es eine allzu technische Ausdrucksweise und ist auch für Laien verständlich. Das ZGB beeinflußte auch andere Privatrechtskodifikationen, es wurde z. B. im Zuge der Reformen Kemal Atatürks 1927 in der Türkei rezipiert.
Zivilrecht: s. Privatrecht
Zivilprozeß: Gerichtliches Verfahren zur Durchsetzung privatrechtlicher Ansprüche (s. Privatrecht).
Zwölf Tafeln: Älteste röm. Rechtsaufzeichnung, die nach der Überlieferung um 451/450 v. Chr. entstand und den Ausgangspunkt der gesamten späteren Rechtsentwicklung und Rechtswissenschaft bildet.

ORBIS LATINUS

herausgegeben von

Hubert Reitterer und Kurt Smolak

HERBERT HAUSMANINGER – WOLFGANG TRACHTA

RÖMISCHES RECHT

TEXTBAND

Verlag Hölder-Pichler-Tempsky, Wien

In Verlagsgemeinschaft mit

Österreichischer Bundesverlag, Wien

Alleinvertrieb in der Bundesrepublik Deutschland:

R. Oldenbourg Verlag, München

ORBIS LATINUS - BAND 15
Hausmaninger-Trachta, Römisches Recht
Teil 1: Textband
Teil 2: Kommentarband

In Österreich:
Schulbuch-Nr. 3417 (zweiteilig)

Die Verfasser danken Herrn **Dr. Richard Gamauf** für wertvolle wissenschaftliche Unterstützung und Frau **Magret Altrichter** für die vorbildliche technische Betreuung der Druckvorlage.

Die für das Verständnis der Texte erforderlichen **juristischen Fachbegriffe** sind im **Glossar** am Ende des **Kommentarbandes** (S. 72 ff.) zusammengestellt. Diese Fachbegriffe werden daher an den einzelnen Stellen im Kommentar nicht erläutert. Zur Abkürzung D für Digesten und zur Zitierweise s. Einl. zu Stück 3, S. 13.

Zur Titelvignette:
Rom als Hauptstadt der Welt, dargestellt durch die Stadtgöttin.
Zeichnung der Tabula Peutingeriana der Österreichischen Nationalbibliothek in Wien (Codex Vind. 324). Bei dieser in ihrer Art einmaligen Weltkarte in Form einer Pergamentrolle, benannt nach ihrem früheren Besitzer, dem Augsburger Beamten und Humanisten Konrad Peutinger (1465-1547), handelt es sich um die im 12. oder 13. Jhdt. angefertigte Kopie einer antiken römischen Vorlage, wohl aus dem frühen 5. Jhdt.

Umschlag: Gerhard Reuter

1. Auflage 1992

ISBN 3-209-01411-6 (Verlag Hölder-Pichler-Tempsky, Wien)
ISBN 3-486-**13429**-9 (R. Oldenbourg Verlag, München)

Alleinvertrieb in der Bundesrepublik Deutschland:
R. Oldenbourg Verlag, München

Satz: Institut für römisches Recht und antike Rechtsgeschichte der Universität Wien
Druck: Piller, Wien

INHALTSÜBERSICHT

Das Schadenersatzrecht der lex Aquilia

Der Kaufvertrag

Das römische Recht im europäischen Mittelalter

Einleitung

Vom römischen Recht zur europäischen Rechtswissenschaft

Jeder weiß, daß ein beträchtlicher Teil unseres kulturellen Erbes im schöpferischen Geist der alten Griechen wurzelt. Es ist auch bekannt, daß die Römer eine wichtige Rolle als Vermittler dieser Kultur gespielt haben. Als Bewunderer griechischer Kunst, Philosophie und Wissenschaften haben sie diese rezipiert und an das europäische Mittelalter weitergegeben. Weit weniger bekannt ist hingegen, daß Rom neben seiner Mittlerfunktion auch einen sehr bedeutenden eigenen Beitrag zur europäischen Zivilisation geleistet hat, nämlich das römische Recht. Dieses ist sowohl das originellste als auch das dauerhafteste, d. h. noch heute stark nachwirkende Produkt röm. Intellekts und röm. Wertvorstellungen.

Unsere Kenntnis des röm. Rechts beruht im wesentlichen auf drei Sammlungen des oström. Kaisers **Justinian I.** (527-565 n. Chr.), die seit 1583 gemeinsam unter dem Titel **Corpus iuris civilis** gedruckt werden. Dieses Corpus enthält einen **Codex** ausgewählter kaiserlicher Verordnungen, Urteile und Rechtsauskünfte, ferner die sog. **Institutiones**, ein Anfängerlehrbuch, das sich eng an ein gleichnamiges Werk des Juristen Gaius aus dem 2. Jhdt. n. Chr. anlehnt, und als bedeutendsten Teil die **Digesta** (gr. Pandektai), eine Zusammenstellung von mehr als 9000 kurzen Exzerpten aus den Werken (Gutachten, Kommentaren usw.) der sog. klassischen Juristen.

Kaiser Justinian, Mosaikportrait in der Kirche S. Apollinare Nuovo in Ravenna (Italien), 6. Jhdt. Das Mosaik gilt als weitgehend realistische Abbildung des Kaisers aus dessen letzten Regierungsjahren, der sein Lebenswerk, die Rückgewinnung weiter Gebiete des ehemaligen weström. Reiches von den Germanen (Vandalen und Goten) sowie die Zusammenfassung des röm. Rechts im (später sog.) Corpus iuris civilis, bereits abgeschlossen hatte. - Justinian trägt das perlenbesetzte Diadem der spätröm. und byzantinischen Kaiser und ist mit dem durch eine prächtige Fibel zusammengehaltenen kaiserlichen Purpurmantel bekleidet. Der Kopf ist von einem Nimbus ("Heiligenschein") umgeben, der nach spätantiker Auffassung dem Kaiser als Stellvertreter Gottes zukam.

Justinian wollte das röm. Weltreich in seinem einstigen Glanz wiederherstellen. Dazu zählte für ihn nicht nur die Rückeroberung verlorener Gebiete (Italien, Spanien, Afrika) von den germanischen Völkern, sondern auch die Erneuerung einer in Vergessenheit geratenen "klassischen" Rechtskultur. Unter Klassik versteht man den Höhepunkt einer (Stil-) Entwicklung (vgl. klassische Musik, Literatur usw.). In der röm. Jurisprudenz wurde dieser Höhepunkt in der späten Republik erreicht (etwa unter den berühmten Juristen, die Ciceros Zeitgenossen waren) und zur Zeit des Prinzipats (27 v. bis 284 n. Chr.) verfeinert. In dieser Epoche hat die röm. Rechtswissenschaft mit eindrucksvoller begrifflicher Klarheit und logischer Schärfe Rechtsprobleme formuliert und mit viel Sinn für praktische Lebensnähe, aber auch mit ethischem Wertbewußtsein ansprechende, teilweise überzeitlich gültige juristische Lösungen gefunden.

In der Folge hat diese juristische Hochkultur das mittelalterliche und moderne Recht Europas sowie die Rechtsordnungen eines großen Teils der übrigen Welt entscheidend beeinflußt und geprägt. Im Verlauf einer machtvollen geistigen Bewegung, die ihren Ursprung im 11. Jhdt. in Bologna hatte, haben mittelalterliche Universitäten insbesondere in Italien, Frankreich und Deutschland klassische röm. Rechtsfälle und Rechtsregeln analysiert und systematisiert. Die an diesen Universitäten ausgebildeten Juristen verwendeten das erlernte röm. Recht auch in ihrer beruflichen Praxis, wodurch es zu einer - von Land zu Land verschieden weit gehenden - Verdrängung des einheimischen Rechtes kam. Aus den überlieferten Rechtssammlungen Justinians entwickelten sich auf diese Weise eine europäische Rechtswissenschaft und ein gesamteuropäisches **ius commune**.

Seit dem Ende des 18. Jhdts. hat freilich die direkte Geltung des röm. Rechts schrittweise abgenommen. Zunächst hat die Begeisterung des aufgeklärten Absolutismus für umfassende und systematische Rechtsaufzeichnung (Kodifikation) in Preußen (Friedrich II.), Frankreich (Napoléon I.) und Österreich (Maria Theresia, Josef II.) zu sog. Naturrechtsgesetzbüchern geführt. Das rationalistische Naturrecht der Aufklärung setzt neue ethische Maßstäbe (nämlich die von mittelalterlichen Autoritäten, insbesondere der Moraltheologie, befreite menschliche Vernunft) und fordert methodische Sicherheit in der Form des logisch geschlossenen Begriffssystems des modernen Gesetzbuches. Damit wird die unmittelbare Anwendung des röm. Rechts beendet. Dieses hat damit allerdings seine Bedeutung nicht eingebüßt: Es hat vielfach nur in veränderter Form, der Substanz nach jedoch unbeeinträchtigt, weiterwirken können. Trotz ideologischer Kritik am röm. Recht und trotz naturrechtlicher Neuschöpfungen an einzelnen - sicher nicht unwichtigen - Punkten bildete das röm. Recht sowohl das begriffliche Instrumentarium als auch das substantielle Rohmaterial für diese Gesetzbücher, und zum Teil sprechen noch heute röm. Juristen geradezu wörtlich aus deren Text.

Sodann hat eine zweite, diesmal nationalstaatliche Kodifikationswelle an der Wende zum 20. Jahrhundert insbesondere in Deutschland und in der Schweiz das verbleibende röm. ius commune in Gesetzesform umgegossen. Vor allem in der deutschen Privatrechtskodifikation des Jahres 1900 ist durch wissenschaftliche Vorarbeiten des 19. Jhdts. der Einfluß des röm. Rechts gegenüber den früheren Naturrechtsgesetzbüchern noch deutlicher hervorgetreten.

Aus den Zivilgesetzbüchern (s. Glossar, Kommentarbd. S. 78: Privatrecht) der ersten Generation - unter denen sich auch das österr. ABGB aus 1812 befindet - hat der französische Code civil des Jahres 1804 große internationale Ausstrahlung ausgeübt, aus der zweiten Generation ragt das deutsche Bürgerliche Gesetzbuch (BGB) von 1900 als vorbildliches und einflußreiches Gesetzgebungswerk heraus. Nicht nur im Gefolge eines kolonialen Imperialismus europäischer Mächte, sondern auch auf dem friedlichen Weg fachlicher Autorität und Überzeugungskraft ist mittels europäischer Gesetzbücher das röm. Recht, auf dem diese beruhen, nach Mittel- und Südamerika, Afrika und Asien gelangt. Neben dieser massiven römischrechtlichen Prägung zahlreicher moderner Privatrechtsordnungen soll nicht übersehen werden, daß röm. Recht auch den anglo-amerikanischen Rechtskreis beeinflußt hat, obwohl es dort nicht wie in Kontinentaleuropa umfassend rezipiert worden ist. Das englische **Common law** ist im wesentlichen unkodifiziertes Recht, das auf gerichtlichen Entscheidungen beruht und durch Richter (nicht durch den Gesetzgeber) weitergebildet wird. Englische Richter und ihnen folgend Common-law-Länder wie die USA, Kanada oder Australien haben jedoch in mehreren Entwicklungsstadien und Sachbereichen röm. Rechtsgedanken übernommen. Wertvorstellungen, an denen sich das röm. Recht orientiert hat, wie **bona fides** ("Treu und Glauben"), **aequitas** ("Gerechtigkeit", "Fairneß"), **bonum commune** ("Gemeinwohl"), haben darüber hinaus Gesetzgebung und Rechtsbewußtsein in der ganzen Welt beeinflußt.

Gemeinsame römischrechtliche Inhalte europäischer Rechtsordnungen, gemeinsame römischrechtliche Rechtsvorstellungen, Rechtsbegriffe und Rechtssprache europäischer Juristen haben somit zumindest indirekt eine weltweite Rechtskultur begründet, in der das röm. Recht bis heute weiterwirkt. Auch gegenwärtige und künftige europäische Einigungsbestrebungen können auf die gemeineuropäischen juristischen Sprach- und Denkformen des röm. Rechts zurückgreifen und auf diesem Fundament weiterbauen.

Das klassische römische Recht

Die folgende Textauswahl setzt einen Schwerpunkt im "klassischen" röm. Recht (s. S. 6), in dem röm. Juristen jene schöpferischen Leistungen erbracht haben, denen das röm. Recht sein Weiterwirken und seine Bedeutung für die moderne Rechtsentwicklung verdankt.

Die klassischen röm. Juristen der späten Republik und Prinzipatszeit (1. Jhdt. v. bis 3. Jhdt. n. Chr.) haben sich vor allem mit dem **Privatrecht** (s. Komm. S. 78) beschäftigt. Gebiete wie Verfassungsrecht und Strafrecht standen wohl zu stark unter politischem Einfluß, um rein wissenschaftlich behandelt zu werden. Im Unterschied zum modernen Privatrecht, das in systematischen Gesetzbüchern und zahlreichen Nebengesetzen umfassend geregelt ist, sind in Rom nach den Zwölf Tafeln (450 v. Chr., s. Stück 1) nur ausnahmsweise Privatrechtsgesetze erlassen worden. Das Schwergewicht der röm. Privatrechtsentwicklung lag nicht bei der Gesetzgebung, sondern bei den Edikten der Prätoren (s. Komm. S. 74), in denen die Grundsätze für die Ausübung der Gerichtsbarkeit sowie Kataloge von Klageformeln, Prozeßeinreden (s. Komm. S. 74: exceptio) und anderen Rechtsbehelfen enthalten waren, sowie bei der Gutachtertätigkeit der Juristen, die den Prätor, den Richter und die Prozeßparteien berieten.

Das praktische Denken röm. Juristen war besonders auf die **Durchsetzung streitiger Ansprüche** vor Gericht ausgerichtet, auf die Frage, welche Klageformel der Prätor in seinem Edikt für einen bestimmten Rechtsanspruch zur Verfügung stellen werde. Jeder röm. Zivilprozeß (s. Komm. S. 80) begann vor dem Prätor. Die vor ihm erschienenen Parteien trugen ihm ihren Fall vor und erhielten von ihm eine Klageformel (**actio**), die Anweisungen für den nachfolgenden Prozeß enthielt. Gleichzeitig bestellte der Prätor einen Richter (**iudex**). Die Parteien überbrachten diesem die Formel, und er hatte nach deren Richtlinien den Prozeß zu führen und auf Grund eines Beweisverfahrens zu entscheiden.

Prätor und **iudex** waren nicht juristisch ausgebildet und mußten sich daher jeweils auf den Ratschlag oder das Gutachten (**responsum**) eines Juristen verlassen. Das klassische röm. Recht war also im Grunde nicht Gesetzesrecht (wie das heutige Recht im kontinentaleuropäischen Raum) oder Richterrecht (wie das anglo-amerikanische common law), sondern **Juristenrecht**. Die klassischen Juristen waren wie Prätor und iudex Mitglieder der röm. Aristokratie. Ihre soziale und fachliche Autorität gab ihren Gutachten zumindest de facto rechtserzeugende Kraft. Die responsa der Juristen wurden gesammelt, publiziert, kommentiert und diskutiert. Sie wurden auch bei den Entscheidungen späterer Fälle herangezogen.

Das klassische röm. Recht war ein **Fallrecht**, insofern als sich röm. Juristen nicht an unbewegliche allgemeine Regeln (s. dazu S. 44) oder Gesetze binden wollten. Sie zogen es vor, ihr Recht von Rechtsfall zu Rechtsfall weiterzuentwickeln, wie dies noch heute englische und amerikanische Richter tun. Dabei gab es freilich im röm. Juristenrecht anders als im anglo-amerikanischen Richterrecht keine Präjudizien (precedents), d. h. keine Bindung an Entscheidungen, die in gleichartigen Fällen bereits früher ergangen waren. Doch hatten röm. Juristen großen Respekt vor der Autorität älterer Juristenmeinungen und wichen von diesen nicht ohne gute Gründe ab.

Ihre Entscheidungen begründeten die klassischen Juristen teils durch Ableitung aus Rechtsbegriffen und -prinzipien, aus Logik und Grammatik, aus dem Willen oder Sprachgebrauch des Gesetzgebers oder der Vertragspartner usw., teils durch Berufung auf Wertvorstellungen wie **bona fides** (Treu und Glauben), **aequitas** (Gerechtigkeit, Fairneß), **boni mores** (gute Sitten), **utilitas** (Zweckmäßigkeit) u. ä.

Das röm. Privatrecht hat den röm. Bürgern einen weiten Rahmen gesteckt, innerhalb dessen sie auf der Grundlage ihres Privateigentums Initiative entfalten und ihre privaten Lebensverhältnisse selbständig durch Verträge wie Kauf, Miete, Pacht usw. gestalten konnten. Die röm. Jurisprudenz formulierte und konkretisierte für die Ausübung dieser **Privatautonomie** soziale und ethische Anforderungen wie bona fides und boni mores, die von Fall zu Fall besonderen Bedürfnissen entsprechend ausgelegt und weiterentwickelt werden konnten.

Die Aufgabe der röm. Juristen hat sich also nicht auf die Erklärung und Anwendung des geltenden Rechts beschränkt. Diese Juristen hatten zwar eine starke Neigung zur Bewahrung juristischer Tradition, sahen jedoch gleichfalls die Notwendigkeit, das Recht ständig neuen Bedingungen anzupassen. Sie haben durch ihre geistige Beweglichkeit Rechtsbegriffe und Prinzipien entwickelt, die - gut aufeinander abgestimmt - ein Optimum an Rechtssicherheit und Fallgerechtigkeit bieten konnten und deshalb die Grundlage späterer europäischer Privatrechtssysteme (s. Rechtsregeln S. 44) bilden.

Rechtsquellen und Rechtsbegriff

1. Die Zwölf Tafeln

(Auszüge aus tab. I, III und VIII)

Kommentar Seite 5

Im Verlauf der röm. Ständekämpfe zwischen Patriziern und Plebejern sah sich der Senat im Jahre 451 v. Chr. veranlaßt, den Forderungen der plebejischen Volkstribunen nach schriftlicher Niederlegung eines sicheren und gleichen Rechts nachzugeben. Die daraufhin eingesetzte patrizische Gesetzgebungskommission (**decemviri legibus scribundis**) unterbreitete dem Volk zehn Gesetzestafeln, die sodann in der Volksversammlung angenommen wurden. Im darauffolgenden Jahr fügte eine neue Kommission zwei weitere Tafeln hinzu.

Die Zwölf Tafeln waren ein Produkt der Ständekämpfe und bemühten sich um **soziale Schlichtung**. Sie beschränkten sich dabei nicht auf die bloße schriftliche Fixierung des überlieferten Gewohnheitsrechts (Sicherheit vor patrizischer Willkür), sondern erzeugten auch davon abweichendes neues Recht (Reform zugunsten sozial und wirtschaftlich Schwächerer). Die Zwölf Tafeln sind nicht erhalten. Etwa ein Drittel ihres Inhalts kann aus bruchstückhafter Überlieferung bei röm. Juristen (insbesondere bei Gaius) und Schriftstellern (Cicero, Gellius [2. Jhdt. n. Chr.] u. a.) rekonstruiert werden.

Die Zwölf Tafeln werden nach Tafel und Satz zitiert, z. B. I,1; VIII,3. Die folgenden Texte enthalten eine Auswahl von Gesetzesbestimmungen über Ladung, Streitverhandlung und Vollstreckung im Zivilprozeß - Tafeln I und III - sowie einige Tatbestände des Deliktsrechts (s. Komm. S. 73) - Tafel VIII.

Tabula I

1. Si in ius vocat, ito. Ni it, antestamino: igitur em capito.
2. Si calvitur pedemve struit, manum endo iacito.
3. Si morbus aevitasque vitium escit, iumentum dato. Si nolet, arceram ne sternito.
4. Assiduo vindex assiduus esto. Proletario iam civi, quis volet, vindex esto.
6. Rem ubi pacunt, orato.
7. Ni pacunt, in comitio aut in foro ante meridiem caussam coiciunto. Tum peroranto ambo praesentes.
8. Post meridiem praesenti litem addicito.
9. Si ambo praesentes, solis occasus suprema tempestas esto.

Tabula III

1. Aeris confessi rebusque iure iudicatis XXX dies iusti sunto.
2. Post deinde manus iniectio esto. In ius ducito.
3. Ni iudicatum facit aut quis endo eo in iure vindicit, secum ducito, vincito aut nervo aut compedibus XV pondo, ne maiore, aut, si volet, minore vincito.
4. Si volet, suo vivito. Ni suo vivit, qui eum vinctum habebit, libras farris endo dies dato. Si volet, plus dato.
6. Tertiis nundinis partis secanto. Si plus minusve secuerunt, se fraude esto.

Tabula VIII

2. Si membrum rupsit, ni cum eo pacit, talio esto.
3. Manu fustive si os fregit libero, CCC, si servo, CL poenam subito.
4. Si iniuriam faxsit, viginti quinque poenae sunto.

2. Der Rechtsquellenkatalog des Gaius

Gaius, Institutiones 1,1-7

Kommentar Seite 10

Die sog. Gaius-Institutionen sind ein Anfängerlehrbuch des Privatrechts (zu diesem Begriff s. Einl. zu Stück 4) in vier Büchern. Sie wurden um die Mitte des 2. Jhdts. n. Chr. verfaßt und sind das einzige klassische Juristenwerk, das einigermaßen vollständig und unmittelbar überliefert ist. Die Handschrift aus dem 5. oder 6. Jhdt. befindet sich in Verona (Codex Veronensis). Die Institutionen werden nach Buch und Paragraph zitiert.

Das röm. ius besteht aus Schichten, die historisch gewachsen sind und einander zum Teil überlagern. Am Anfang seines Lehrbuches (Inst. 1,1) bespricht der Jurist Gaius den Kontrast zwischen den Rechtsschichten ius civile und ius gentium. Während das **ius civile**, die älteste Rechtsschicht, ursprünglich nur für röm. Bürger gilt, regelt das **ius gentium** die Rechtsverhältnisse zwischen Römern und Ausländern und von Ausländern untereinander, soweit diese von röm. Gerichten zu beurteilen sind. Nach Gaius be-

beruht das ius gentium auf einem Naturrecht (**ius naturale**), das kraft natürlicher Vernunft den Rechtsordnungen aller Völker zugrundeliege.

Die Gaius-Institutionen enthalten in Inst. 1,2 eine Aufzählung von Rechtsquellen. Im folgenden (Inst. 1, 3-7) gibt der Jurist Gaius für jede dieser Rechtsquellen eine kurze Beschreibung.

(1) Omnes populi, qui legibus et moribus reguntur, partim suo proprio, partim communi omnium hominum iure utuntur. Nam quod quisque populus ipse sibi ius constituit, id ipsius proprium est vocaturque ius civile, quasi ius proprium civitatis; quod vero naturalis ratio inter omnes homines constituit, id apud omnes populos peraeque custoditur vocaturque ius gentium, quasi quo iure omnes gentes utuntur. Populus itaque Romanus partim suo proprio, partim communi omnium hominum iure utitur. Quae singula qualia sint, suis locis proponemus.

(2) Constant autem iura populi Romani ex legibus, plebiscitis, senatus consultis, constitutionibus principum, edictis eorum, qui ius edicendi habent, responsis prudentium.

(3) Lex est, quod populus iubet atque constituit. Plebiscitum est, quod plebs iubet atque constituit. Plebs autem a populo eo distat, quod populi appellatione universi cives significantur, connumeratis et patriciis; plebis autem appellatione sine patriciis ceteri cives significantur; unde olim patricii dicebant plebiscitis se non teneri, quia sine auctoritate eorum facta essent; sed postea lex Hortensia lata est, qua cautum est, ut plebiscita universum populum tenerent. Itaque eo modo legibus exaequata sunt.

(4) Senatus consultum est, quod senatus iubet atque constituit; idque legis vicem optinet, quamvis fuerit quaesitum.

(5) Constitutio principis est, quod imperator decreto vel edicto vel epistula constituit; nec umquam dubitatum est, quin id legis vicem optineat, cum ipse imperator per legem imperium accipiat.

(6) Ius autem edicendi habent magistratus populi Romani. Sed amplissimum ius est in edictis duorum praetorum, urbani et peregrini, quorum in provinciis iurisdictionem praesides earum habent. Item in edictis aedilium curulium, quorum iurisdictionem in provinciis populi Romani quaestores habent. Nam in provincias Caesaris omnino quaestores non mittuntur, et ob id hoc edictum in his provinciis non proponitur.

(7) Responsa prudentium sunt sententiae et opiniones eorum, quibus permissum est iura condere. Quorum omnium si in unum sententiae concurrant, id, quod ita sentiunt, legis vicem optinet; si vero dissentiunt, iudici licet, quam velit, sententiam sequi; idque rescripto divi Hadriani significatur.

Römische Gesetzestafel aus Bronze, 1760 bei Piacenza (Norditalien) gefunden, heute in Parma, Museo nazionale d' antichità. Die Abbildung zeigt das Kapitel 21 (am linken Rand durch eine Zahl angegeben) der Lex de Gallia Cisalpina, einer gesetzl. Anordnung Caesars über die Ausübung der Gerichtsbarkeit in den Bürgergemeinden jener Provinz, wahrscheinlich aus dem Jahr 48 v. Chr. Die Bronzetafel, die noch die Löcher für die Befestigung an einem öffentlichen Gebäude (Tempel?) aufweist, gibt eine Vorstellung von der Art, in der Gesetze dem Volk, sofern es lesen konnte, zugänglich gemacht (promulgiert) wurden.

3. Ius und iustitia

Kommentar
Seite 15

Das röm. ius wurde zunächst nicht als eine von Menschen erzeugte, sondern als eine von Göttern vorgegebene Ordnung empfunden, die von Priestern sowie ihren weltlichen Nachfolgern, den Juristen, im konkreten Streitfall festgestellt und angewandt wurde. Es war eine mündlich weitergegebene und gelebte Tradition (mos maiorum, 'Vätersitte'), die nur ausnahmsweise durch Gesetzgebungsakte (leges) bestätigt oder weitergebildet wurde.

Diese Tradition und ihre Wertvorstellungen lebten auch noch in einer Zeit weiter, in der im prätorischen Edikt eine umfassende Aufzeichnung klagbarer Rechtsansprüche erfolgt war und der Prätor die Befugnis in Anspruch nahm, diese jeweils geänderten Verhältnissen anpassen zu dürfen (Zeit der Republik), und in der ein eigener Juristenstand über die Funktion der Rechtserkenntnis hinaus auch zur Rechtserzeugung (iura condere) legitimiert erschien (Kaiserzeit).

Der klassische Jurist Celsus, ein Berater Kaiser Hadrians (117-138 n. Chr.), definierte ius als ars boni et aequi ("die Kunst, Anständigkeit und Fairness zu verwirklichen"). Der Jurist Ulpian (um 200 n. Chr.) nannte diese Definition elegant, Kaiser Justinian ließ sie an die Spitze der Digesten (s. Komm. S. 73) setzen.

Die **Digesten Justinians** (abgekürzt D) werden nach Buch, Titel und Fragment zitiert. Längere Fragmente (d. h. Exzerpte aus Juristenschriften) sind in Paragraphen unterteilt, wobei der erste als principium (Anfang) bezeichnet wird, z. B. D 1,1,1 pr. Darauf folgt Paragraph 1, usw.

D 1,1,1 (Ulpianus libro primo institutionum)

(pr.) Iuri operam daturum prius nosse oportet, unde nomen iuris descendat; est autem a iustitia appellatum. Nam, ut eleganter Celsus definit, ius est ars boni et aequi.

(1) Cuius merito quis nos sacerdotes appellet. Iustitiam namque colimus et boni et aequi notitiam profitemur, aequum ab iniquo separantes, licitum ab illicito discernentes, bonos non solum metu poenarum, verum etiam praemiorum quoque exhortatione efficere cupientes, veram - nisi fallor - philosophiam, non simulatam affectantes.

D 1,1,10 (Ulpianus libro primo regularum)

(pr.) Iustitia est constans et perpetua voluntas ius suum cuique tribuendi.

(1) Iuris praecepta sunt haec: honeste vivere, alterum non laedere, suum cuique tribuere.

(2) Iuris prudentia est divinarum atque humanarum rerum notitia, iusti atque iniusti scientia.

4. Ius publicum und ius privatum

Kommentar Seite 17

D 1,1,1,2 (Ulpianus libro primo institutionum)

Der spätklassische Jurist Ulpian (um 200 n. Chr.) versucht, das Recht in zwei große Bereiche einzuteilen: ius publicum (öffentliches Recht) und ius privatum (Privatrecht). Das **ius publicum** umfaßt Rechtsgebiete wie Staats-, Verwaltungs- und Strafrecht, in denen der Staat seinen Bürgern unter dem Gesichtspunkt von Über- und Unterordnung gegenübertritt und den Vorrang des Gesamtinteresses betont. Das **ius privatum** regelt die Rechtsbeziehungen zwischen den einzelnen Menschen unter dem Gesichtspunkt der Gleichberechtigung und weitgehender Berücksichtigung des Individualinteresses (Verfügung über Privateigentum, freie Gestaltung von Lebensverhältnissen durch Verträge usw.).

Huius studii duae sunt positiones, publicum et privatum. Publicum ius est, quod ad statum rei Romanae spectat, privatum, quod ad singulorum utilitatem. Sunt enim quaedam publice utilia, quaedam privatim. Publicum ius in sacris, in sacerdotibus, in magistratibus consistit. Privatum ius tripertitum est: collectum etenim est ex naturalibus praeceptis aut gentium aut civilibus.

Personen- und Familienrecht

Während heute jeder Mensch mit seiner Geburt als **Person**, d. h. als **rechtsfähig**, als Träger von Rechten und Pflichten gilt, unterscheidet das röm. Recht wie andere antike Rechtsordnungen grundsätzlich zwischen (rechtsfähigen) Freien und (nicht rechtsfähigen) Sklaven.

Unter Freien spielte die Zugehörigkeit zum röm. Staatsverband (civitas) eine wichtige Rolle. Manche Rechte wie z. B. der Eigentumserwerb an res mancipi (d. h. den wichtigsten landwirtschaftlichen Produktionsmitteln wie Grundstücken, Sklaven, Zug- und Tragtieren) sowie die Eheschließung mit Römern und das Erbrecht gegenüber Römern waren röm. Bürgern vorbehalten.

Große Bedeutung hatte auch die jeweilige Stellung eines Menschen im Familienverband: Der **pater familias** übte als patriarchalisches Familienoberhaupt eine umfassende Hausgewalt aus. Seine (lebenslänglich ausgeübte) Herrschaft über Kinder und Kindeskinder heißt **patria potestas**, seine Herrschaftsmacht über die Ehefrau wird als **manus** bezeichnet. In seiner Hausgewalt war insbesondere auch die ausschließliche Verfügungsgewalt über das Vermögen inbegriffen. Die Familienangehörigen waren zwar rechtsfähig, aber nicht **vermögensfähig**: Ihr Erwerb fiel zu Lebzeiten des pater familias in dessen Vermögen.

Von der Rechtsfähigkeit ist die **Handlungsfähigkeit** zu unterscheiden. Sie ist die Fähigkeit einer Person, durch eigene Handlungen ihre Rechtsverhältnisse verantwortlich zu gestalten. Man unterscheidet **Geschäftsfähigkeit** (Fähigkeit, Rechtsgeschäfte abzuschließen, z. B. Verträge einzugehen oder ein Testament zu errichten) und **Deliktsfähigkeit** (Fähigkeit, für unerlaubtes Verhalten zur Verantwortung gezogen zu werden). Beide fehlen z. B. unmündigen Minderjährigen und Geisteskranken, die deshalb zur Wahrung ihrer Interessen einem Vormund (tutor) oder Sachwalter (curator) unterstellt werden.

Kernstück des Familienrechts ist das Eherecht: Es umfaßt jene Vorschriften, die den Abschluß, die Wirkungen (insbesondere auch vermögensrechtlicher Natur) und die Auflösung der Ehe betreffen.

5. Freie, Freigelassene, Sklaven

Kommentar Seite 17

D 1,5,5 (Marcianus libro primo institutionum)

Der **Sklave** (servus, männl. auch homo, puer; weibl. ancilla) ist unfrei, er kann nicht Träger eigener Rechte (rechtsfähig) sein, sondern ist der Gewalt seines dominus unterworfen. Dieser benützt den Sklaven als "Erwerbsorgan" ("verlängerte Hand") zugunsten des eigenen Vermögens und kann über ihn wie über eine andere Sache verfügen. Die wichtigsten Gründe für die Zugehörigkeit zum Sklavenstand sind Geburt durch eine Sklavin und Kriegsgefangenschaft. Sklaven können von ihrem dominus durch **manumissio** freigelassen werden. **Freigelassene** (libertini) sind gegenüber freigeborenen Römern (ingenui) nicht nur sozial, sondern auch rechtlich zurückgesetzt: Sie sind von politischen Ämtern und Priesterkollegien ausgeschlossen und stehen unter dem **Patronat** ihres Freilassers, dem sie Gehorsam (obsequium) und Dienstleistungen in Form von Tagewerken (operae) schulden. Das Respektsverhältnis (reverentia) verbietet grundsätzlich auch gerichtliche Klagen des Freigelassenen gegen seinen patronus.

Servorum quidem una est condicio; liberorum autem hominum quidam ingenui sunt, quidam libertini. Servi autem in dominium nostrum rediguntur aut iure civili aut gentium: iure civili, si quis se maior viginti annis ad pretium participandum venire passus est; iure gentium servi nostri sunt, qui ab hostibus capiuntur aut qui ex ancillis nostris nascuntur. Ingenui sunt, qui ex matre libera nati sunt: sufficit enim liberam fuisse eo tempore, quo nascitur, licet ancilla concepit. Et e contrario si libera conceperit, deinde ancilla pariat, placuit eum, qui nascitur, liberum nasci (nec interest, iustis nuptiis concepit, an vulgo), quia non debet calamitas matris nocere ei, qui in ventre est. Ex hoc quaesitum est, si ancilla praegnas manumissa sit, deinde ancilla postea facta aut expulsa civitate pepererit, liberum an servum pariat. Et tamen rectius probatum est liberum nasci et sufficere ei, qui in ventre est, liberam matrem vel medio tempore habuisse.

6. Patria potestas

Kommentar Seite 19

C 8,46,3 (Imperator Alexander A. Artemidoro, 227 n. Chr.)

Der **pater familias** besaß als Familienoberhaupt eine umfassende Gewalt über die Familienangehörigen, einschließlich eines Züchtigungsrechtes, das ursprünglich sogar als ius vitae necisque verstanden wurde. Die rechtlichen Befugnisse des pater familias waren aber in der Praxis durch die Sitte (mos maiorum) und die Sittenaufsicht der Zensoren (cura morum) eingeschränkt. In der Kaiserzeit war die Ausübung des ius vitae necisque nicht mehr zulässig, zu Unrecht mißhandelte Hauskinder konnten die Entlassung aus der väterlichen Gewalt verlangen; der pater familias konnte sich zur Bestrafung ungehorsamer Hauskinder seinerseits an staatliche Behörden wenden.

Das folgende Reskript (s. Komm. S. 79) des Kaisers Alexander Severus ist im Codex Iustinianus überliefert. Dieser im Jahre 534 erlassene Codex enthält kaiserliche Rechtsakte (Konstitutionen) aus fünf Jhdten. Er wird nach Buch, Titel und Konstitution zitiert. Längere Konstitutionen werden in Paragraphen unterteilt.

Si filius tuus in potestate tua est, res adquisitas tibi alienare non potuit. Quem, si pietatem patri debitam non agnoscit, castigare iure patriae potestatis non prohiberis, artiore remedio usurus, si in pari contumacia perseveraverit, eumque praesidi provinciae oblaturus dicturo sententiam, quam tu quoque dici volueris.

7. Eheliche und uneheliche Kinder

Kommentar Seite 20

Als **ehelich** gelten jene Kinder, die in einem iustum matrimonium gezeugt worden sind, d. h. die nicht früher als im siebenten Monat nach der Eheschließung und nicht später als zehn Monate nach Auflösung der Ehe (durch Tod des Ehemannes oder Scheidung) geboren werden. Durch eheliche Geburt erwirbt das Kind die Rechtsstellung des Vaters (z. B. dessen Bürgerrecht), es untersteht seiner patria potestas und erlangt ihm gegenüber ein gesetzliches Erbrecht. **Uneheliche** Kinder ('vulgo quaesiti' oder 'spurii') sind hingegen - im juristischen Sinn - nur mit ihrer Mutter verwandt. Sie sind ab ihrer Geburt 'gewaltfrei' (sui iuris), d. h. sie stehen unter keiner Familiengewalt, da sie keinen pater familias haben und ihre Mutter als Frau keine Familiengewalt ausüben kann. Der spurius hat ein gesetzliches Erbrecht gegenüber seiner Mutter, jedoch kein Erbrecht gegenüber dem Vater und dessen Verwandten.

D 1,5,12 (Paulus libro nono decimo responsorum)

Septimo mense nasci perfectum partum iam receptum est propter auctoritatem doctissimi viri Hippocratis. Et ideo credendum est eum, qui ex iustis nuptiis septimo mense natus est, iustum filium esse.

D 38,16,3,11 (Ulpianus libro quarto decimo ad Sabinum)

Post decem menses mortis natus non admittetur ad legitimam hereditatem.

D 1,5,19 (Celsus libro vicensimo nono digestorum)

Cum legitimae nuptiae factae sint, patrem liberi sequuntur; vulgo quaesitus matrem sequitur.

8. Rechte der Leibesfrucht

Kommentar Seite 22

D 1,5,7 (Paulus libro singulari de portionibus, quae liberis damnatorum conceduntur)

Zugunsten des Embryos wurde die Rechtsregel (juristische Fiktion) 'nasciturus pro iam nato habetur' formuliert: Zur Wahrung seiner Rechte (insbesondere bei der Teilung der väterlichen Erbschaft) wird er so behandelt, als wäre er bereits geboren.

Qui in utero est, perinde ac si in rebus humanis esset, custoditur, quotiens de commodis ipsius partus quaeritur; quamquam alii, antequam nascatur, nequaquam prosit.

9. Tutela impuberum

Kommentar Seite 22

Einen tutor (Vormund) erhielten **unmündige** Römerinnen und Römer, deren pater familias gestorben war. Die Mündigkeit wird mit der Geschlechtsreife bzw. mit einem bestimmten Alter erreicht (Mädchen 12, Knaben 14 Jahre). Die tutela diente dem Schutz des Mündels (pupillus) vor geschäftlicher Übervorteilung. Geschäfte des Mündels, welches das Kindesalter (infantia, bis zum siebenten Lebensjahr) überschritten hatte (impubes infantiā maior), bedurften der Mitwirkung und Zustimmung (auctoritas) des tutor. Für infantes führte von vornherein der Vormund die Geschäfte. Der tutor konnte vom Vater im Testament bestimmt werden, ansonsten war von Gesetzes wegen der gradnächste männliche Verwandte (Bruder, Onkel usw.) zur Vormundschaft berufen. Auch eine Vormundbestellung durch den Prätor kam in Frage.

D 26,1,1 pr. (Paulus libro trigesimo octavo ad edictum)

Tutela est, ut Servius definit, vis ac potestas in capite libero ad tuendum eum, qui propter aetatem sua sponte se defendere nequit, iure civili data ac permissa.

Epitome Ulpiani 11,28

Liberantur tutela masculi quidem pubertate. Puberem autem Cassiani quidem eum esse dicunt, qui habitu corporis pubes apparet, id est qui generare possit. Proculeiani autem eum, qui quattuordecim annos explevit; verum Priscus eum puberem esse, in quem utrumque concurrit, et habitus corporis et numerus annorum.

10. Haftung des Vormunds

Kommentar

D 27,3,1 pr. (Ulpianus libro trigesimo sexto ad edictum) Seite 24

Der Vormund hat das Vermögen seines Mündels sorgfältig zu verwalten, er haftet für schuldhafte Handlungen und Unterlassungen. Nach Beendigung der Vormundschaft kann das Mündel gegen den tutor die **actio tutelae** (Vormundschaftsklage) auf Abrechnung, Herausgabe des Vermögens und Schadenersatz anstrengen.

In omnibus, quae fecit tutor, cum facere non deberet, item in his, quae non fecit, rationem reddet hoc iudicio, praestando dolum, culpam et, quantam in suis rebus, diligentiam.

11. Tutela mulierum

Kommentar

Gaius, Institutiones 1,142-145; 190 Seite 25

Vormundschaft wurde in Rom nicht nur über Unmündige (beiderlei Geschlechts), sondern auch über Frauen (nach erreichter Mündigkeit) ausgeübt. Wenn der Vater im Testament für seine Tochter keinen tutor bestellt hatte, war von Gesetzes wegen der gradnächste männliche Verwandte zur Vormundschaft berufen. Ohne seine Zustimmung konnte die Frau keine rechtlichen Verpflichtungen eingehen. Da der tutor auch erbberechtigt war, wenn die Frau ohne Testament starb, wird er häufig auch aus Eigeninteresse seine Zustimmung zu Geschäften der Frau verweigert haben. Im Laufe der Entwicklung wurde die Vormundschaft über Frauen schrittweise eingeschränkt.

(142) Ex his personis, quae neque in potestate neque in manu neque in mancipio sunt, quaedam vel in tutela sunt vel in curatione, quaedam neutro iure tenentur. Videamus igitur, quae in tutela, quae in curatione sint; ita enim intellegemus ceteras personas, quae neutro iure tenentur.
(143) Ac prius dispiciamus de his, quae in tutela sunt.
(144) Permissum est itaque parentibus liberis, quos in potestate sua habent, testamento tutores dare: masculini quidem sexus inpuberibus, feminini autem sexus, cuiuscumque aetatis sint, et tum quoque, cum nuptae sint. Veteres enim voluerunt feminas, etiamsi perfectae aetatis sint, propter animi levitatem in tutela esse.
(145) Itaque si quis filio filiaeque testamento tutorem dederit et ambo ad pubertatem pervenerint, filius quidem desinit habere tutorem, filia vero nihilo minus in tutela permanet; tantum enim ex lege Iulia et Papia Poppaea iure liberorum tutela liberantur feminae. Loquimur autem exceptis virginibus Vestalibus, quas etiam veteres in honorem sacerdotii liberas esse voluerunt, itaque etiam lege XII tabularum cautum est.
(190) Feminas vero perfectae aetatis in tutela esse fere nulla pretiosa ratio suasisse videtur; nam, quae vulgo creditur, quia levitate animi plerumque decipiuntur et aequum erat eas tutorum auctoritate regi, magis speciosa videtur quam vera; mulieres enim, quae perfectae aetatis sunt, ipsae sibi negotia tractant et in quibusdam causis dicis gratia tutor interponit auctoritatem suam, saepe etiam invitus auctor fieri a praetore cogitur.

Symbolische Darstellung eines röm. Strafprozesses, Rückseite (Revers) einer Silbermünze (Denar), geprägt im Auftrag des Q. Cassius Longinus Ravilla, 2. Jhdt. v. Chr., jetzt in der Medaillensammlung (Cabinet des medailles) der Pariser Bibliothèque nationale. - Die Darstellung nimmt offenbar auf einen Strafprozeß des Jahres 131 v. Chr. Bezug, in dem einige Vestalinnen wegen Verletzung ihrer Verpflichtung zu Keuschheit zum Tod verurteilt wurden. Den Prozeßvorsitz führte ein speziell gewählter Gerichtsmagistrat. Unter dem 'Baldachin', der den Vestatempel auf dem Forum Romanum darstellt, steht der Amtsstuhl (sella curulis) des Magistrats, daneben rechts sind die Stimmtäfelchen (tesserae) der Geschworenen abgebildet (A steht für absolvo, "ich spreche frei", C für condemno, "ich verurteile"). Links ist die Abstimmungsurne zu erkennen.

12. Rechtsstellung der Frau

Kommentar
Seite 26

Frauen waren in Rom nicht nur von allen öffentlichen Ämtern und Funktionen ausgeschlossen (konnten also weder Magistrate noch Richter sein noch als Parteien oder Anwälte Prozesse führen), sondern sie wurden auch im Privatrecht gegenüber Männern zurückgesetzt: Sie konnten nicht Familienoberhaupt sein und keine Vormundschaft führen; ein Gesetz (169 v. Chr.) verbot Bürgern der ersten Zensusklasse (relativ hohes Mindestvermögen), Frauen testamentarisch als Erben einzusetzen; ein Senatsbeschluß (Mitte des 1. Jhdts. n. Chr.) untersagte Frauen, sich im Interesse Dritter zu 'verpflichten' (z. B. für sie eine Bürgschaft einzugehen oder eine Sache zu verpfänden). Zur Vormundschaft über Frauen s. Stück 11.

D 1,5,9 (Papinianus libro trigensimo primo quaestionum)

In multis iuris nostri articulis deterior est condicio feminarum quam masculorum.

D 50,17,2 pr. (Ulpianus libro primo ad Sabinum)

Feminae ab omnibus officiis civilibus vel publicis remotae sunt et ideo nec iudices esse possunt nec magistratum gerere nec postulare nec pro alio intervenire nec procuratores existere.

D 3,1,1,5 (Ulpianus libro sexto ad edictum)

(Praetor) feminas prohibet pro aliis postulare. Et ratio quidem prohibendi, ne contra pudicitiam sexui congruentem alienis causis se immisceant, ne virilibus officiis fungantur mulieres.

13. Eheschließung

Kommentar
Seite 27

Die röm. Ehe war weniger ein Rechtsverhältnis als ein sozialer Tatbestand, sie war 'verwirklichte Lebensgemeinschaft', die ohne staatliche Mitwirkung formlos begründet und aufgelöst werden konnte. Eine rechtsgültige röm. Ehe (**matrimonium iustum**) konnte nur von einem röm. Bürger mit einer Frau geschlossen werden, mit der er das **conubium** hatte, d. h. die rechtliche Fähigkeit, eine gültige Ehe einzugehen. Kein conubium bestand bis zur lex Canuleia (445 v. Chr.) zwischen Patriziern und Plebejern; später wurde das conubium auch auf Angehörige einzelner italischer Gemeinden erstreckt. Nur Kinder aus einer solchen Ehe erlangten das röm. Bürgerrecht. Die Ehe kam formlos durch den übereinstimmenden Willen (**consensus**) der mündigen, geistig gesunden Brautleute und die Aufnahme der Lebensgemeinschaft zustande. Die üblichen Hochzeitszeremonien verdeutlichten nur den Ehewillen, waren jedoch rechtlich belanglos. Ein Ehepartner, der unter patria potestas stand, bedurfte überdies der Einwilligung des pater familias. Zusammenleben von Mann und Frau ohne Ehewillen (**affectio maritalis**) war **concubinatus**.

Von der Eheschließung ist der Erwerb der Hausgewalt (**manus**) des Ehemannes über die Ehefrau zu unterscheiden. Die Frau konnte durch Formalakte wie **confarreatio** oder **coemptio** eine manus-Ehe (s. Komm. S. 77) eingehen, oder aber in der **patria potestas** ihres **pater familias** bzw. gewaltfrei bleiben (s. Komm. S. 74: Ehe, gewaltfreie).

D 23,2,1 (Modestinus libro primo regularum)

Nuptiae sunt coniunctio maris et feminae et consortium omnis vitae, divini et humani iuris communicatio.

D 23,2,2 (Paulus libro trigesimo quinto ad edictum)

Nuptiae consistere non possunt, nisi consentiant omnes, id est qui coeunt quorumque in potestate sunt.

Gaius, Institutiones 1,57

Veteranis quibusdam concedi solet principalibus constitutionibus conubium cum his Latinis peregrinisve, quas primas post missionem uxores duxerint; et qui ex eo matrimonio nascuntur, et cives Romani et in potestate parentum fiunt.

14. Ehescheidung

Kommentar
Seite 28

Die röm. Ehe ist zwar grundsätzlich als dauerhafte Lebensgemeinschaft angelegt, bleibt jedoch durch einseitige private Willensäußerung (repudium) des Ehemannes oder der Ehefrau jederzeit scheidbar. Die Scheidung (divortium) bedarf keiner bestimmten Form oder Erklärung, entscheidend ist die tatsächliche Aufhebung der Lebensgemeinschaft in ernsthafter Scheidungsabsicht. Die übliche Verstoßungsformel des Mannes lautet ‘res tuas tibi habeto (agito)’. Häufig wird die Scheidungserklärung durch Boten überbracht (nuntium mittere), z. B. wenn die Frau ihren Mann verlassen hat und in das Haus ihres Vaters zurückgekehrt ist.

C 8,38,2 (Imperator Alexander Menophilo, 223 n. Chr.)

Libera matrimonia esse antiquitus placuit. Ideoque pacta, ne liceret divertere, non valere et stipulationes, quibus poenae inrogarentur ei, qui divortium fecisset, ratas non haberi constat.

D 24,2,3 (Paulus libro trigesimo quinto ad edictum)

Divortium non est nisi verum, quod animo perpetuam constituendi dissensionem fit. Itaque quidquid in calore iracundiae vel fit vel dicitur, non prius ratum est, quam si perseverantia apparuit iudicium animi fuisse; ideoque per calorem misso repudio si brevi reversa uxor est, nec divortisse videtur.

15. Der reumütige Ehegatte

Kommentar

D 24,2,7 (Papinianus libro primo de adulteriis)

Seite 29

Eine Willenserklärung ist nur wirksam, wenn sie ernstgemeint ist. In diesem Fall entfaltet sie ihre Wirkung, sobald sie dem Empfänger zur Kenntnis gelangt.

Si paenituit eum, qui libellum tradendum divortii dedit, isque per ignorantiam mutatae voluntatis oblatus est, durare matrimonium dicendum, nisi paenitentia cognita is, qui accepit, ipse voluit matrimonium dissolvere. Tunc enim per eum, qui accepit, solvitur matrimonium.

16. Die Schenkung zwischen Ehegatten

Kommentar

Seite 30

Das röm. Recht steht Schenkungen grundsätzlich skeptisch gegenüber. Häufig beruhen ja unentgeltliche Vermögenszuwendungen auf Motiven, die moralisch nicht zu billigen sind. Generelle Schenkungsbeschränkungen enthält bereits ein Gesetz aus 204 v. Chr., ein spezielles **Schenkungsverbot** unter Ehegatten ist spätestens seit Augustus in Kraft.

D 24,1,1 (Ulpianus libro trigesimo secundo ad Sabinum)

Moribus apud nos receptum est, ne inter virum et uxorem donationes valerent. Hoc autem receptum est, ne mutuo amore invicem spoliarentur donationibus non temperantes, sed profusa erga se facilitate,*

D 24,1,2 (Paulus libro septimo ad Sabinum)

ne cesset eis studium liberos potius educendi. Sextus Caecilius et illam causam adiciebat, quia saepe futurum esset, ut discuterentur matrimonia, si non donaret is, qui posset, atque ea ratione eventurum, ut venalicia essent matrimonia.

17. Terentia verläßt Maecenas

Kommentar

D 24,1,64 (Iavolenus libro sexto ex posterioribus Labeonis)

Seite 31

Der sagenhaft reiche Maecenas war Freund und Berater des Augustus sowie ein großzügiger Förderer von Dichtern wie Vergil und Horaz. Seine launenhafte Frau Terentia verließ ihren Mann mehr als einmal, kehrte jedoch jeweils kurz darauf großzügig beschenkt wieder zu ihm zurück. Die Juristen hatten zu beurteilen, ob damit das Schenkungsverbot unter Ehegatten unzulässigerweise umgangen wurde.

---

* Bei der Herstellung der Digesten Justinians wurden diese beiden Exzerpte aus Schriften verschiedener Juristen an dieser Schnittstelle sprachlich miteinander verbunden. Vgl. zu dieser Technik auch Stück 21.

Vir mulieri divortio facto quaedam idcirco dederat, ut ad se reverteretur; mulier reversa erat, deinde divortium fecerat. Labeo: Trebatius inter Terentiam et Maecenatem respondit, si verum divortium fuisset, ratam esse donationem, si simulatum, contra. Sed verum est, quod Proculus et Caecilius putant, tunc verum esse divortium et valere donationem divortii causa factam, si aliae nuptiae insecutae sunt aut tam longo tempore vidua fuisset, ut dubium non foret alterum esse matrimonium; alias nec donationem ullius esse momenti futuram.

Besitz- und Eigentumserwerb, Eigentumsschutz

Während **Eigentum** das Recht bezeichnet, über eine Sache zu verfügen, ist **Besitz** die tatsächliche Gewalt über eine Sache. Eigentum und Besitz sind zumeist, jedoch nicht immer, in ein und derselben Hand vereinigt. Ein Dieb erlangt an der gestohlenen Sache Besitz, jedoch nicht Eigentum. Der bestohlene Eigentümer kann sein Recht auf den - vorübergehend verlorenen - Besitz gerichtlich geltend machen.

Besitz kann grundsätzlich nur **corpore et animo** erworben werden. Corpore bedeutet "durch Herstellen eines körperlichen Naheverhältnisses zur Sache", animo heißt "mit Besitzwillen". Dieser Besitzwille wird meist nicht ausdrücklich erklärt, sondern tritt in der Herstellung des körperlichen Naheverhältnisses ‘schlüssig’ (konkludent), in Erscheinung. Besitzerwerb wird von den Juristen vor allem deshalb ausführlich erörtert, weil er im Regelfall eine Voraussetzung des Eigentumserwerbs bildet. Dazu müssen freilich neben der Bemächtigung der Sache noch zwei weitere Voraussetzungen vorliegen: das Eigentum des Veräußerers (Regel: nemo plus iuris ad alium transferre potest, quam ipse habet) und eine iusta causa (ein rechtmäßiger Erwerbsgrund wie Kauf, Schenkung usw.).

Ein Eigentümer, der den Besitz an seiner Sache unfreiwillig verloren hat, kann sein Recht gegen jeden Besitzer mit der rei vindicatio (Eigentumsklage) gerichtlich geltend machen. Gelingt dem Kläger der Eigentumsbeweis, muß der Beklagte die Sache herausgeben oder Wertersatz zahlen.

18. Besitzerwerb ‘corpore et animo’

Kommentar Seite 32

D 41,2,3 pr. und 1 (Paulus libro quinquagensimo quarto ad edictum)

Die Vorstellungen röm. Juristen über den Besitzerwerb sind vor allem aus dem Digestenabschnitt (sog. Titel) 41,2 ‘de adquirenda vel amittenda possessione’ zu gewinnen. Als Leitwerk dieses Titels haben die Kompilatoren Justinians das 54. Buch des Ediktskommentars des Spätklassikers Paulus verwendet.

Paulus beginnt die Erörterung des Besitzerwerbs mit ausführlichen Feststellungen zum Subjekt ('Wer kann Besitz erlangen?'). Dann gibt er einen knappen Hinweis auf das Objekt ('Was kann besessen werden?' s. D 41,2,3 pr.) und wendet sich schließlich der Art und Weise zu ('Wie erwirbt man Besitz?' s. D 41,2,3,1). Der Text zu Art und Weise des Besitzerwerbs beginnt mit einer lehrhaft breiten Erläuterung des Prinzips "apiscimur (≙ adipiscimur) possessionem corpore et animo". Dieser Grundsatz wird sodann durch ein Beispiel erläutert ("ita accipiendum est ...").

(pr.) Possideri autem possunt, quae sunt corporalia.
(1) Et apiscimur possessionem corpore et animo, neque per se animo aut per se corpore. Quod autem diximus et corpore et animo adquirere nos debere possessionem, non utique ita accipiendum est, ut, qui fundum possidere velit, omnes glebas circumambulet; sed sufficit quamlibet partem eius fundi introire, dum mente et cogitatione hac sit, uti totum fundum usque ad terminum velit possidere.

19. 'Abgeben im Haus', 'Zeigen vom Turm'

Kommentar Seite 33

D 41,2,18,2 (Celsus libro vicensimo tertio digestorum)

Wie eng ein körperliches Naheverhältnis sein muß, um nach Auffassung der röm. Juristen für den Besitzerwerb zu genügen, darüber informiert ein breites Spektrum von Fallentscheidungen, in dem es auch nicht an Kontroversen fehlt.

Der Celsustext bringt zwei Parallelfälle, die mit 'aut' verbunden sind.

Si venditorem, quod emerim, deponere in mea domo iusserim, possidere me certum est, quamquam id nemo dum attigerit; aut si vicinum mihi fundum mercato venditor in mea turre demonstret vacuamque se possessionem tradere dicat, non minus possidere coepi, quam si pedem finibus intulissem.

20. Der Eber in der Schlinge

Kommentar Seite 34

D 41,1,55 (Proculus libro secundo epistularum)

Bei der Übertragung des Besitzes durch einen Vorbesitzer genügt es, daß sich Veräußerer und Erwerber in Gegenwart der Sache über den 'Besitzübergang' einigen. Strengere Anforderungen werden an das körperliche Naheverhältnis jedoch dann gestellt, wenn z. B. eine bewegliche Sache von niemandem besessen wird. Ein **wildes Tier**, das in natürlicher Freiheit lebt, steht in niemandes Besitz und Eigentum. Jeder kann an ihm durch Besitzerwerb auch Eigentum erwerben, solange ihm kein anderer zuvorgekommen ist.

Ob ein Jäger oder Fallensteller an dem Wildschwein Besitz (und damit gleichzeitig Eigentum) erlangt hat, das in seine ausgelegte Schlinge geraten ist, hängt von den Umständen ab, insbesondere von der Stärke der Schlinge sowie von der Einwirkungsmöglichkeit Dritter.

In laqueum, quem venandi causa posueras, aper incidit; cum eo haereret, exemptum eum abstuli: num tibi videor tuum aprum abstulisse? Et si tuum putas fuisse, si solutum eum in silvam dimisissem, eo casu tuus esse desisset an maneret? Et quam actionem mecum haberes, si desisset tuus esse, num in factum dari oporteret, quaero. Respondit: Laqueum videamus, ne intersit in publico, an in privato posuerim et, si in privato posui, utrum in meo, an in alieno, et, si in alieno, utrum permissu eius, cuius fundus erat, an non permissu eius posuerim; praeterea, utrum in eo ita haeserit aper, ut expedire se non possit ipse, an diutius luctando expediturus se fuerit. Summam tamen hanc puto esse, ut, si in meam potestatem pervenit, meus factus sit. Sin autem aprum meum ferum in suam naturalem laxitatem dimisisses et eo facto meus esse desisset, actionem mihi in factum dari oportere, veluti responsum est, cum quidam poculum alterius ex nave eiecisset.

21. Eigentumserwerb an wilden Tieren

Kommentar Seite 35

D 41,1,1 pr. - D 41,1,5,6 (Gaius libro secundo cottidianarum sive aureorum und Florentinus libro sexto institutionum)

Die röm. Rechtstexte enthalten keine Definition von 'Eigentum'. Die Auffassungen der röm. Juristen werden jedoch in den späteren Formulierungen europäischer Gesetzbücher treffend umschrieben. So definiert § 354 des österreichischen Allgemeinen Bürgerlichen Gesetzbuches (ABGB) **Eigentum** als "Befugnis, mit der Substanz und den Nutzungen einer Sache nach Willkür zu schalten, und jeden andern davon auszuschließen".

Eigentum kann 'abgeleitet' (derivativ) oder 'ursprünglich' (originär) erworben werden. **Derivativ** ist jener Eigentumserwerb, der vom Recht des Veräußerers ('Vormannes') abhängig ist, der sein Recht ganz oder teilweise an den Erwerber überträgt. Hat der Veräußerer kein oder nur ein mangelhaftes Recht an der Sache, die er überträgt, so erwirbt auch der Empfänger kein bzw. bloß ein mangelhaftes Recht (Regel: nemo plus iuris ad alium transferre potest, quam ipse habet).

Originär nennt man jenen Eigentumserwerb, der unabhängig vom allfälligen Recht eines Vormannes erfolgt. Dazu zählen die einseitige Aneignung (occupatio) von Sachen, die in niemandes Eigentum stehen (z. B. wilde Tiere), aber auch jene Fälle, in denen die Rechtsordnung aus verschiedenen Überlegungen Eigentumserwerb gegen den Willen des bisherigen Eigentümers zuläßt, z. B. feste Verbindung von Haupt- und Nebensache (zu den Regeln superficies solo cedit und accessio cedit principali s. Stücke 22 und 23) oder Verarbeitung von fremdem Material (Stück 24).

Wilde (d. h. üblicherweise wild lebende) **Tiere** sind, solange sie sich in ihrer natürlichen Freiheit befinden, herrenlose Sachen (res nullius). In Rom gibt es kein Jagd- und Fischereirecht, das den Eigentumserwerb bestimmten

Berechtigten vorbehielte. Auch der Grundeigentümer erwirbt erst durch occupatio Eigentum an wilden Tieren, die sich auf seinem Grundstück aufhalten. Er kann zwar Fremden das Betreten seines Grundstücks untersagen und sie dort an der Ausübung der Jagd hindern, der Jäger erwirbt jedoch auch bei verbotswidriger Jagd auf fremden Grundstücken Eigentum an den erlegten Tieren. Dies gilt auch für Produkte wilder Tiere (Eier, Honig usw.).

Der Aneignung unterliegen nicht jene wilden Tiere, die in Gehegen, Fischteichen u. ä. gehalten werden. Sofern sie sich jedoch aus dieser custodia wieder in ihre natürliche Freiheit zurückbegeben, tritt mit dem Besitzverlust auch Eigentumsverlust ein. An **gezähmten** wilden Tieren, die sich zeitweise entfernen (quae abire et redire solent), erlischt jedoch das Eigentum erst dann, wenn sie die Gewohnheit zurückzukehren aufgegeben haben. An entlaufenen **Haustieren** geht nur der Besitz, nicht aber das Eigentum verloren.

Die Kompilatoren Justinians haben den folgenden Gaius-Text, den sie als Einleitung für den Digestentitel 41,1 'de adquirendo rerum dominio' verwendeten, mehrfach durch ergänzende (durchaus nicht immer wesentliche) Einschübe aus dem Lehrbuch des Florentinus (2. Jhdt. n. Chr.) unterbrochen.

D 41,1,1 (Gaius)

(pr.) Quarundam rerum dominium nanciscimur iure gentium, quod ratione naturali inter omnes homines peraeque servatur, quarundam iure civili, id est iure proprio civitatis nostrae. Et quia antiquius ius gentium cum ipso genere humano proditum est, opus est, ut de hoc prius referendum sit.

(1) Omnia igitur animalia, quae terra, mari, caelo capiuntur, id est ferae bestiae et volucres, pisces, capientium fiunt,

D 41,1,2 (Florentinus)

vel quae ex his apud nos sunt edita.

D 41,1,3 (Gaius)

(pr.) Quod enim nullius est, id ratione naturali occupanti conceditur.

(1) Nec interest, quod ad feras bestias et volucres, utrum in suo fundo quisque capiat, an in alieno. Plane qui in alienum fundum ingreditur venandi aucupandive gratia, potest a domino, si is providerit, iure prohiberi, ne ingrederetur.

(2) Quidquid autem eorum ceperimus, eo usque nostrum esse intellegitur, donec nostra custodia coercetur; cum vero evaserit custodiam nostram et in naturalem libertatem se receperit, nostrum esse desinit et rursus occupantis fit,

D 41,1,4 (Florentinus)

nisi si mansuefacta emitti ac reverti solita sunt.

D 41,1,5 pr. - 6 (Gaius)
(pr.) Naturalem autem libertatem recipere intellegitur, cum vel oculos nostros effugerit vel ita sit in conspectu nostro, ut difficilis sit eius persecutio.
(1) Illud quaesitum est, an fera bestia, quae ita vulnerata sit, ut capi possit, statim nostra esse intellegatur. Trebatio placuit statim nostram esse et eo usque nostram videri, donec eam persequamur, quodsi desierimus eam persequi, desinere nostram esse et rursus fieri occupantis. Itaque si per hoc tempus, quo eam persequimur, alius eam ceperit eo animo, ut ipse lucrifaceret, furtum videri nobis eum commisisse. Plerique non aliter putaverunt eam nostram esse, quam si eam ceperimus, quia multa accidere possunt, ut eam non capiamus; quod verius est.
(2) Apium quoque natura fera est. Itaque quae in arbore nostra consederint, antequam a nobis alveo concludantur, non magis nostrae esse intelleguntur quam volucres, quae in nostra arbore nidum fecerint. Ideo si alius eas incluserit, earum dominus erit.
(3) Favos quoque, si quos hae fecerint, sine furto quilibet possidere potest; sed, ut supra quoque diximus, qui in alienum fundum ingreditur, potest a domino, si is providerit, iure prohiberi, ne ingrederetur.
(4) Examen, quod ex alveo nostro evolaverit, eo usque nostrum esse intellegitur, donec in conspectu nostro est nec difficilis eius persecutio est; alioquin occupantis fit.
(5) Pavonum et columbarum fera natura est nec ad rem pertinet, quod ex consuetudine avolare et revolare solent. Nam et apes idem faciunt, quarum constat feram esse naturam. Cervos quoque ita quidam mansuetos habent, ut in silvas eant et redeant, quorum et ipsorum feram esse naturam nemo negat. In his autem animalibus, quae consuetudine abire et redire solent, talis regula comprobata est, ut eo usque nostra esse intellegantur, donec revertendi animum habeant, quodsi desierint revertendi animum habere, desinant nostra esse et fiant occupantium. Intelleguntur autem desisse revertendi animum habere tunc, cum revertendi consuetudinem deseruerint.
(6) Gallinarum et anserum non est fera natura; palam est enim alias esse feras gallinas et alios feros anseres. Itaque si quolibet modo anseres mei et gallinae meae turbati turbataeve adeo longius evolaverint, ut ignoremus, ubi sint, tamen nihilo minus in nostro dominio tenentur. Qua de causa furti nobis tenebitur, qui quid eorum lucrandi animo adprehenderit.

22. Fremde Pflanze auf eigenem Grund

Kommentar Seite 39

D 41,1,7,13 (Gaius libro secundo rerum cottidianarum sive aureorum)

Das röm. Recht (und ihm folgend das moderne) unterscheidet bewegliche Sachen (bei denen eine Ortsveränderung möglich ist, Mobilien) von unbeweglichen (als solche gelten nur Grundstücke, Immobilien). Bei **Verbindung** einer beweglichen Sache mit einem **Grundstück** zu einer einheitlichen Sache gilt die Rechtsregel 'superficies solo cedit': Das Eigentum an der beweglichen Sache geht im Grundeigentum auf, sie wird als Nebensache unselbständiger Bestandteil der Hauptsache und teilt deren rechtliches Schicksal.

Si alienam plantam in meo solo posuero, mea erit, ex diverso si meam plantam in alieno solo posuero, illius erit, si modo utroque casu radices egerit; antequam enim radices ageret, illius permanet, cuius et fuit. His conveniens est, quod, si vicini arborem ita terra presserim, ut in meum fundum radices egerit, meam effici arborem; rationem enim non permittere, ut alterius arbor intellegatur, quam cuius fundo radices egisset. Et ideo prope confinium arbor posita, si etiam in vicinum fundum radices egerit, communis est.

23. Beschreiben von fremdem Papyrus oder Pergament

Kommentar Seite 40

D 41,1,9,1 (Gaius libro secundo rerum cottidianarum sive aureorum)

Die **Verbindung beweglicher Sachen** (s. Einl. zu Stück 22) miteinander zu einer einheitlichen Sache wird ebenso beurteilt wie die Verbindung einer beweglichen Sache mit einem Grundstück: Der Eigentümer der Nebensache verliert sein Eigentum zugunsten des Eigentümers der Hauptsache (Rechtsregel 'accessio cedit principali'). Das Wertverhältnis der verbundenen Sachen spielt dabei keine Rolle, ausschlaggebend ist offenbar die Frage, welche Sache ohne die andere nicht bestehen kann bzw. welche mit der Eigentumsklage (rei vindicatio) herausverlangt werden kann: Wenn Pergament mit Goldbuchstaben beschrieben worden ist, gilt das Pergament als Hauptsache, da es vor Gericht vorgewiesen oder zugesprochen werden kann.

Litterae quoque, licet aureae sint, perinde chartis membranisque cedunt, ac solo cedere solent ea, quae aedificantur aut seruntur. Ideoque si in chartis membranisve tuis carmen vel historiam vel orationem scripsero, huius corporis non ego, sed tu dominus esse intellegeris. Sed si a me petas tuos libros tuasve membranas nec impensas scripturae solvere velis, potero me defendere per exceptionem doli mali, utique si bona fide eorum possessionem nanctus sim.

24. Verarbeitung fremden Materials

Kommentar Seite 41

D 41,1,7,7 (Gaius libro secundo rerum cottidianarum sive aureorum)

Ob durch **Verarbeitung** fremden Materials eine neue Sache (nova species) entsteht, an welcher der Verarbeiter Eigentum erwirbt, war Gegenstand einer Kontroverse zwischen zwei juristischen 'Schulen' des 1. Jhdts. n. Chr. Wer soll z. B. Eigentümer des Weines sein, den Titius aus Trauben des Seius erzeugt hat?

In dieser Diskussion finden sich Anklänge an philosophische Spekulationen des Hellenismus über das Wesen der 'Sache'. So betonen die **Sabinianer** (s. Komm. S. 79) in Anlehnung an stoische Vorstellungen den Stoff als wesentliches Element der Sachindividualität (quia sine materia nulla species effici potest): Die Sache bleibt trotz Verarbeitung im Grund dieselbe, sie kann deshalb vom Stoffeigentümer mit der Eigentumsklage herausverlangt werden. Für die **Prokulianer** (s. Komm. S. 78) hingegen ist unter dem Einfluß aristotelisch-peripatetischer Philosophie die Form entscheidend, durch Verarbeitung des Stoffes entsteht eine neue Sache (quod factum est, antea nullius fuerat), die sich der Produzent kraft naturalis ratio aneignen darf.

Cum quis ex aliena materia speciem aliquam suo nomine fecerit, Nerva et Proculus putant hunc dominum esse, qui fecerit, quia, quod factum est, antea nullius fuerat. Sabinus et Cassius magis naturalem rationem efficere putant, ut, qui materiae dominus fuerit, idem eius quoque, quod ex eadem materia factum sit, dominus esset, quia sine materia nulla species effici possit; veluti si ex auro vel argento vel aere vas aliquod fecero, vel ex tabulis tuis navem aut armarium aut subsellia fecero, vel ex lana tua vestimentum, vel ex vino et melle tuo mulsum, vel ex medicamentis tuis emplastrum aut collyrium, vel ex uvis aut olivis aut spicis tuis vinum vel oleum vel frumentum. Est tamen etiam media sententia recte existimantium, si species ad materiam reverti possit, verius esse, quod et Sabinus et Cassius senserunt, si non possit reverti, verius esse, quod Nervae et Proculo placuit. Ut ecce vas conflatum ad rudem massam auri vel argenti vel aeris reverti potest, vinum vero vel oleum vel frumentum ad uvas et olivas et spicas reverti non potest; ac ne mulsum quidem ad mel et vinum vel emplastrum aut collyria ad medicamenta reverti possunt. Videntur tamen mihi recte quidam dixisse non debere dubitari, quin alienis spicis excussum frumentum eius sit, cuius et spicae fuerunt; cum enim grana, quae spicis continentur, perfectam habeant suam speciem, qui excussit spicas, non novam speciem facit, sed eam, quae est, detegit.

25. Eigentumsklage und 'Einrede der Treuwidrigkeit'

Kommentar Seite 42

Der Kläger (der Eigentum an der Sache behauptet) lädt den Besitzer der Sache als Beklagten vor den **Prätor** und trägt dort sein Klagebegehren vor. Der Prätor wählt aus dem **Edikt** die passende **actio** (Klageformel, hier die **rei vindicatio**) und gewährt dem Beklagten, falls dieser entsprechende Gründe vorbringt, eine Einrede (Einwendung), etwa die **exceptio doli** (Einrede der Treuwidrigkeit), mit welcher der Beklagte die Abweisung der Klage wegen treuwidrigen Verhaltens des Klägers begehrt. Der Prätor bestimmt sodann aus einer Liste von Richtern den iudex für diesen konkreten Prozeß und sendet die Parteien samt dem in der actio (und allenfalls exceptio) formulierten Prozeßprogramm zu diesem Richter.

Der **iudex** führt das Beweisverfahren durch: Er befragt die Parteien, vernimmt Zeugen, prüft Urkunden usw. Der Kläger trägt die Beweislast für sein Klagebegehren (Rechtsregel 'actori incumbit probatio'): Mißlingt ihm der Eigentumsbeweis, so weist der Richter die Klage ab, der Beklagte darf die Sache behalten. Hält der Richter hingegen den Eigentumsanspruch des Klägers für erwiesen, so erläßt er darüber einen Zwischenbescheid (pronuntiatio) und fordert den Beklagten zur Herausgabe der Sache an den Kläger auf (iussum de restituendo). Ist der Beklagte dazu nicht bereit oder nicht in der Lage (etwa weil die Sache inzwischen zugrundegegangen ist), wird er auf den Schätzwert in Geld verurteilt.

Rei vindicatio:*

Si paret rem, qua de agitur, ex iure Quiritium Auli Agerii esse, neque ea res arbitrio iudicis restituetur, quanti ea res erit, tantam pecuniam iudex Numerium Negidium Aulo Agerio condemnato, si non paret, absolvito.

Exceptio doli:**

Si in ea re nihil dolo malo Auli Agerii factum sit neque fiat.

26. Schikaneverbot

Kommentar Seite 43

D 6,1,38 (Celsus libro tertio digestorum)

Notwendige und nützliche (d. h. objektiv werterhöhende) **Aufwendungen** (impensae necessariae und utiles), die der 'gutgläubige' Besitzer (der sich selbst für den Eigentümer gehalten hatte) vor Prozeßbeginn auf die Sache gemacht hat, sind ihm vom Eigentümer zu ersetzen. Der beklagte Besitzer kann diesbezüglich ein Zurückbehaltungsrecht (**Retentionsrecht**) an der Sache mittels exceptio doli (s. Einl. zu Stück 25) geltendmachen, d. h. er muß

---

* Rekonstruktion der Klageformel des prätorischen Edikts nach O. Lenel, Das Edictum perpetuum (3. Aufl. 1927), 185 f.

** Lenel a. a. O.

die Sache nur herausgeben, wenn seine impensae ersetzt werden. Luxusaufwendungen (impensae voluptuosae), die keine Wertsteigerung bewirken, werden nicht vergütet. Bezüglich aller Aufwendungen hat der Beklagte bei Trennbarkeit auch ein Wegnahmerecht (ius tollendi).

Nicht zulässig ist allerdings eine Rechtsausübung, die ohne Nutzen des Beklagten allein zum Nachteil des Klägers erfolgt, z. B. das Abkratzen einer Wandmalerei (neque malitiis indulgendum est, später sog. **Schikaneverbot**).

In fundo alieno, quem imprudens emeras, aedificasti aut conseruisti, deinde evincitur: bonus iudex varie ex personis causisque constituet. Finge et dominum eadem facturum fuisse: reddat impensam, ut fundum recipiat, usque eo dumtaxat, quo pretiosior factus est, et si plus pretio fundi accessit, solum, quod impensum est. Finge pauperem, qui, si reddere id cogatur, laribus, sepulchris avitis carendum habeat: sufficit tibi permitti tollere ex his rebus, quae possis, dum ita ne deterior sit fundus, quam si initio non foret aedificatum. Constituimus vero, ut, si paratus est dominus tantum dare, quantum habiturus est possessor his rebus ablatis, fiat ei potestas; neque malitiis indulgendum est, si tectorium puta, quod induxeris, picturasque corradere velis, nihil laturus, nisi ut officias.

Das Schadenersatzrecht der lex Aquilia

Nach röm. Überlieferung ist die lex Aquilia i. J. 286 v. Chr. auf Antrag des Volkstribunen C. Aquilius als Plebiszit (s. Gaius, Inst. 1,3, Stück 2) erlassen worden. Wegen ihrer gesetzesgleichen Wirkung wurden plebiscita häufig als leges bezeichnet, und leges wurden stets nach ihren Antragstellern benannt

Die lex Aquilia ändert das Schadenersatzrecht der Zwölf Tafeln, die für eine Reihe von Beschädigungen feste Bußsätze vorgesehen hatten (z. B. 150 As für das os fractum [Knochenbruch] eines Sklaven, tab. VIII,3, Stück 1), durch die Einführung einer richterlichen Schätzung des Schadensumfanges im Einzelfall.

Die lex regelt vier bestimmte Deliktstatbestände, die als **damnum iniuriā datum** ("unrechtmäßige Schadenszufügung") zusammengefaßt werden. Sie behandelt in einem ersten Kapitel die Tötung (**occidere**) fremder Sklaven und vierfüßiger Herdentiere, im dritten Kapitel die Beschädigung oder Zerstörung dieser oder beliebiger anderer Sachen durch **urere** ("brennen"), **frangere** ("brechen") oder **rumpere** ("verletzen", "verderben"). Die lex sieht vor, daß der Eigentümer den Täter auf Schadenersatz klagen kann, wenn die Tat iniuriā, d. h. rechtswidrig und schuldhaft, begangen worden ist.

27. Die lex Aquilia im Lehrbuch des Gaius

Gaius, Institutiones 3,210-213; 217; 219

Kommentar Seite 45

Der röm. Jurist Gaius gibt im Rahmen seines Anfängerlehrbuches (s. Einl. zu Stück 2) eine zusammenfassende Darstellung und kurze Erklärung der lex Aquilia.

(210) Damni iniuriae actio constituitur per legem Aquiliam, cuius primo capite cautum est, ut, si quis hominem alienum alienamve quadrupedemve, quae pecudum numero sit, iniuria occiderit, quanti ea res in eo anno plurimi fuit, tantum domino dare damnetur.

(211) Is iniuria autem occidere intellegitur, cuius dolo aut culpa id acciderit, nec ulla alia lege damnum, quod sine iniuria datur, reprehenditur; itaque inpunitus est, qui sine culpa et dolo malo casu quodam damnum committit.

(212) Nec solum corpus in actione huius legis aestimatur; sed sane si servo occiso plus dominus capiat damni, quam pretium servi sit, id quoque aestimatur, veluti si servus meus ab aliquo heres institutus, antequam iussu meo hereditatem cerneret, occisus fuerit; non enim tantum ipsius pretium aestimatur, sed et hereditatis amissae quantitas. Item si ex gemellis vel ex comoedis vel ex symphoniacis unus occisus fuerit, non solum occisi fit aestimatio, sed eo amplius id quoque computatur, quod ceteri, qui supersunt, depretiati sunt. Idem iuris est etiam, si ex pari mularum unam vel etiam ex quadrigis equorum unum occiderit.

(213) Cuius autem servus occisus est, is liberum arbitrium habet vel capitali crimine reum facere eum, qui occiderit, vel hac lege damnum persequi.

(217) Capite tertio de omni cetero damno cavetur. Itaque si quis servum vel eam quadrupedem, quae pecudum numero est, vulneraverit sive eam quadrupedem, quae pecudum numero non est, velut canem, aut feram bestiam, velut ursum, leonem, vulneraverit vel occiderit, hoc capite actio constituitur. In ceteris quoque animalibus, item in omnibus rebus, quae anima carent, damnum iniuria datum hac parte vindicatur. Si quid enim ustum aut ruptum aut fractum fuerit, actio hoc capite constituitur, quamquam potuerit sola rupti appellatio in omnes istas causas sufficere; ruptum enim intellegitur, quod quoquo modo corruptum est; unde non solum usta aut fracta, sed etiam scissa et collisa et effusa et quoquo modo vitiata aut perempta atque deteriora facta hoc verbo continentur.

(219) Ceterum placuit ita demum ex ista lege actionem esse, si quis corpore suo damnum dederit. Ideoque alio modo damno dato utiles actiones dantur, velut si quis alienum hominem aut pecudem

incluserit et fame necaverit; aut iumentum tam vehementer egerit, ut rumperetur; item si quis alieno servo persuaserit, ut in arborem ascenderet vel in puteum descenderet, et is, si ascendendo aut descendendo ceciderit, aut mortuus fuerit aut aliqua parte corporis laesus sit. Sed si quis alienum servum de ponte aut ripa in flumen proiecerit et si suffocatus fuerit, hic quoque corpore suo damnum dedisse eo, quod proiecerit, non difficiliter intellegi potest.

28. Occidere und mortis causam praestare

Kommentar Seite 49

D 9,2,7,1; 6; 7 (Ulpianus libro octavo decimo ad edictum)

Die Digesten Justinians (s. Komm. S. 73) enthalten in Buch 9, Titel 2 einen eigenen Abschnitt 'ad legem Aquiliam'. Unter den dort zusammengestellten Juristentexten wird besonders stark der Kommentar Ulpians ausgewertet, der die lex Aquilia Wort für Wort erläutert und dabei auch auf die Meinungen früherer Juristen Bezug nimmt.

Die folgenden Auszüge kommentieren den Gesetzesausdruck **occidere**, der von den Juristen enger ausgelegt wird als in der Alltagssprache, die ihn gleichbedeutend mit interficere oder necare als Töten schlechthin versteht. Nur Tötung durch direkte Einwirkung wird als occidere verstanden; indirekte Verursachung fällt als **mortis causam praestare** - die abstrakte Formulierung stammt vom Hochklassiker Celsus - nicht unter die lex Aquilia. Daß die Tat außerdem iniuriā (rechtswidrig und schuldhaft) erfolgt sein muß, wird an dieser Stelle nicht erörtert, sondern als selbstverständlich vorausgesetzt.

(1) Occisum autem accipere debemus, sive gladio sive etiam fuste vel alio telo vel manibus - si forte strangulavit eum - vel calce petiit vel capite vel qualiter qualiter.
(6) Celsus autem multum interesse dicit, occiderit an mortis causam praestiterit, ut, qui mortis causam praestitit, non Aquilia, sed in factum actione teneatur. Unde adfert eum, qui venenum pro medicamento dedit, et ait causam mortis praestitisse, quemadmodum eum, qui furenti gladium porrexit; nam nec hunc lege Aquilia teneri, sed in factum.
(7) Sed si quis de ponte aliquem praecipitavit, Celsus ait, sive ipso ictu perierit aut continuo submersus est aut lassatus vi fluminis victus perierit, lege Aquilia teneri, quemadmodum si quis puerum saxo inlisisset.

29. Die vergiftete Sklavin

Kommentar Seite 50

D 9,2,9 pr. (Ulpianus libro octavo decimo ad edictum)

Hier referiert der Jurist Ulpian (um 200 n. Chr.) einen Fall, in dem bereits Labeo (unter Augustus) zwischen unmittelbarer und bloß mittelbarer **Verursachung** unterschieden hat. Zur Formulierung **mortis causam praestare** s. Einl. zu Stück 28.

Item si obstetrix medicamentum dederit et inde mulier perierit, Labeo distinguit, ut, si quidem suis manibus supposuit, videatur occidisse; sin vero dedit, ut sibi mulier offerret, in factum actionem dandam. Quae sententia vera est; magis enim causam mortis praestitit quam occidit.

30. Die tödliche Rasur

Kommentar Seite 50

D 9,2,11 pr. (Ulpianus libro octavo decimo ad edictum)

Dieser blutrünstige Fall wurde offenbar von Generationen röm. Juristen mit ihren Schülern diskutiert. Ulpian erörtert ihn unter dem Stichwort ‘iniuria’, er interessiert sich hier nicht für das Problem der Verursachung (occidere - mortis causam praestare, Stücke 28 und 29), sondern nur für das **Verschulden.** Es soll jeweils derjenige haften, der nach den Umständen fahrlässig gehandelt hat. **Culpa** (Fahrlässigkeit) ist die Außerachtlassung der gebotenen Sorgfalt.

Item Mela scribit, si, cum pila quidam luderent, vehementius quis pila percussa in tonsoris manus eam deiecerit et sic servi, quem tonsor habebat, gula sit praecisa adiecto cultello, in quocumque eorum culpa sit, eum lege Aquilia teneri. Proculus in tonsore esse culpam: et sane, si ibi tondebat, ubi ex consuetudine ludebatur vel ubi transitus frequens erat, est, quod ei imputetur, quamvis nec illud male dicatur, si in loco periculoso sellam habenti tonsori se quis commiserit, ipsum de se queri debere.

31. Der unachtsame Baumschneider

Kommentar Seite 52

D 9,2,31 (Paulus libro decimo ad Sabinum)

Hauptproblem des Textes ist wie im Friseurfall (Stück 30) die culpa. **Verschulden** kann einem Täter nach heutiger Auffassung dann vorgeworfen werden, wenn er in der Lage war, die Rechtswidrigkeit seines Verhaltens zu erkennen und sich dieser Einsicht gemäß zu verhalten. Die röm. Juristen neigen dazu, die culpa (Fahrlässigkeit) nicht nach der subjektiven Einsichtsfähigkeit des konkreten Täters, sondern nach einem objektiven Maßstab zu beurteilen, nämlich nach den typischen Kenntnissen und Fähigkeiten eines sorgfältigen (diligens) pater familias, Arztes, Maultiertreibers usw.

Si putator, ex arbore ramum cum deiecerit, vel machinarius hominem praetereuntem occidit, ita tenetur, si is in publicum decidat nec ille proclamavit, ut casus eius evitari possit. Sed Mucius dixit, etiam si in privato idem accidisset, posse de culpa agi; culpam autem esse, quod, cum a diligente provideri poterit, non esset provisum aut tum denuntiatum esset, cum periculum evitari non possit. Secundum quam rationem non multum refert, per publicum an per privatum iter fieret, cum plerumque per privata loca vulgo iter fiat. Quodsi nullum iter erit, dolum dumtaxat praestare debet, ne immittat in eum, quem viderit transeuntem. Nam culpa ab eo exigenda non est, cum divinare non potuerit, an per eum locum aliquis transiturus sit.

32. Der Streit vor dem Wirtshaus

Kommentar Seite 53

D 9,2,52,1 (Alfenus libro secundo digestorum)

Die dem Juristen gestellte Rechtsfrage lautet, ob der Schankwirt nach dem dritten Kapitel der lex Aquilia (rumpere) haftet. Das Problem liegt bei der Beurteilung der **Rechtswidrigkeit** (iniuria) seiner Handlung. Diese (und damit die Haftung des Täters) ist ausgeschlossen, wenn der Wirt in Notwehr gehandelt hat.

Notwehr ist die Abwehr eines gegenwärtigen oder unmittelbar bevorstehenden rechtswidrigen Angriffs auf Leben, Gesundheit, Vermögen oder andere geschützte Rechtsgüter mit angemessenen Mitteln (Rechtsregel 'vim vi repellere licet').

In Notwehr dürfen keine stärkeren Mittel gebraucht werden, als zur Abwehr des Angriffs erforderlich sind. Der durch Notwehr verursachte Schaden darf auch nicht in grobem Mißverhältnis zum Wert des gefährdeten Rechtsgutes stehen. Anwendung unangemessener Gewalt ist also eine rechtswidrige Notwehrüberschreitung (**Notwehrexzeß**).

Tabernarius in semita noctu supra lapidem lucernam posuerat, quidam praeteriens eam sustulerat. Tabernarius eum consecutus lucernam reposcebat et fugientem retinebat. Ille flagello, quod in manu habebat, in quo dolor inerat, verberare tabernarium coeperat, ut se mitteret. Ex eo maiore rixa facta tabernarius ei, qui lucernam sustulerat, oculum effoderat. Consulebat, num damnum iniuria non videretur dedisse, quoniam prior flagello percussus esset. Respondi: Nisi data opera effodisset oculum, non videri damnum iniuria fecisse; culpam enim penes eum, qui prior flagello percussit, residere; sed si ab eo non prior vapulasset, sed, cum ei lucernam eripere vellet, rixatus esset, tabernarii culpa factum videri.

Der Kaufvertrag

Der Kauf (**emptio venditio**) ist ein Vertrag, durch den sich der eine Partner (venditor) zur Leistung einer Sache (Ware), der andere (emptor) zur Zahlung eines Preises in Geld verpflichtet. Der Doppelname Kauf/Verkauf drückt aus, daß es sich um einen sog. 'vollkommen zweiseitigen' Vertrag handelt, bei dem jeder Vertragspartner gleichzeitig Gläubiger und Schuldner ist: Der Verkäufer schuldet die Warenleistung und ist Gläubiger der Kaufpreisforderung; der Käufer schuldet den Preis und ist Gläubiger in bezug auf die Leistung der Ware.

Die älteste Art des röm. Kaufgeschäftes ist die **mancipatio**. Sie ist ein negotium per aes et libram ("Geschäft durch Kupfer und Waage", sog. Libralakt): Vor einem libripens ("Waagehalter") und fünf Zeugen ergreift der Erwerber (mancipio [abl. modi] accipiens) eine res mancipi(i), z. B. einen Sklaven, und spricht dazu die Formel: hunc ego hominem ex iure Quiritium meum esse aio, isque mihi emptus esto hoc aere aenaeaque libra ("ich behaupte, daß dieser Sklave nach dem Recht röm. Bürger mir gehört, und er soll für mich gekauft sein durch dieses Kupfer und diese kupferne Waage"). Der Veräußerer (mancipio dans) schweigt zu dieser Behauptung und nimmt den vom libripens zugewogenen Kaufpreis entgegen.

Die mancipatio ist also zunächst ein Barkauf, bei dem Zug um Zug Ware und Preis ausgetauscht werden. Geld wurde in Rom ur sprünglich gewogen, die Geldeinheit war das As, ein Kupferbarren von einem Pfund (ca. 273 Gramm) zu 12 Unzen. Später wurde der Preis nicht mehr zugewogen, der Erwerber klopfte nur mit einer symbolischen Münze an die Waage. Mit dieser (vom Kauf losgelösten) mancipatio nummo uno konnte in der Folge das Eigentum nicht nur an gekauften Sachen, sondern auch an geschenkten, als Heiratsgut gegebenen usw. übertragen werden.

Die Juristen entwickelten eine Unterscheidung zwischen dem Kauf (emptio venditio) als **Verpflichtungsgeschäft**, durch das der Verkäufer zur Übertragung der Sache verpflichtet wird, und der mancipatio als **Verfügungsgeschäft**, durch das der Erwerber Eigentum an der Sache übertragen erhält. Die vom Kaufgeschäft losgelöste mancipatio nummo uno ist ein sog. 'nachgeformtes Rechtsgeschäft', d. h. in der Form eines Kaufes können Rechte verschiedener Art übertragen werden: nicht nur Eigentum, sondern auch Hausgewalt über Personen (manus, patria potestas; der Ausdruck mancipium, abgeleitet von manus und capere, umschreibt ursprünglich eine umfassende Herrschaft des pater familias über Personen und Sachen des Hausverbandes).

Gegenstand der mancipatio waren nur res mancipi: Grundstücke, Sklaven und bestimmte Zug- und Tragtiere. Als Veräußerer, Erwerber oder Zeugen konnten nur röm. Bürger auftreten. Justinian schaffte die mancipatio ab und ersetzte sie durch formlose Übergabe (traditio), die schon im klassischen Recht die mancipatio weitgehend zurückgedrängt hatte. Alle übrigen Sachen wurden von vornherein durch formlose Einigung und Übergabe (emptio venditio und traditio) erworben.

Die emptio venditio ist ein sog. **Konsensualkontrakt**: Die formlose Willenseinigung (consensus) bewirkt für sich allein (ohne Hinzutreten einer Wort- oder Schriftform) eine gültige Verpflichtung. Bei der Erfüllung ihrer gegenseitigen Pflichten sind Käufer und Verkäufer an den Grundsatz von 'Treu und Glauben' (bona fides) gebunden. Dieser wird in der **actio empti**, der Klage des Käufers (zu den Klageformeln des prätorischen Edikts s. Einl. und Komm. B zu Stück 25) ausdrücklich angesprochen:

Quod Aulus Agerius de Numerio Negidio hominem, quo de agitur, emit, quidquid ob eam rem Numerium Negidium Aulo Agerio dare facere oportet ex fide bona, eius iudex Numerium Negidium Aulo Agerio condemnato, si non paret, absolvito.*

("Wenn der Kläger vom Beklagten den Sklaven, um den prozessiert wird, gekauft hat, so soll der Richter den Beklagten zugunsten des Klägers auf den Wert dessen verurteilen, was der Beklagte dem Kläger aus diesem Grund nach Treu und Glauben zu leisten schuldig ist. Andernfalls soll er ihn freisprechen".)

Dem Richter wird durch den Hinweis auf die **bona fides** ein Ermessensspielraum eröffnet, innerhalb dessen er von Fall zu Fall festzustellen hat, ob die geforderte Leistung nach Inhalt und Umfang dem Grundsatz von Treu und Glauben entspricht. Bei dieser Konkretisierungsaufgabe orientiert sich der iudex mit Unterstützung der gutachtenden Juristen allerdings an typischen Leitvorstellungen von Redlichkeit im röm. Geschäftsverkehr. Dieser Ansatz zur Überwindung des Formalismus und der Einbindung des Vertragsrechts in eine anspruchsvolle Sozialethik, der zum Teil in das 3. Jhdt. v. Chr. zurückreicht, nimmt einen besonderen Rang unter den schöpferischen Leistungen der röm. Jurisprudenz ein.

33. Schuldnerverzug: Zahlung von Verzugszinsen

Kommentar Seite 55

D 18,6,20 (Hermogenianus libro secundo iuris epitomatorum)

Wenn ein Schuldner die Leistung nicht zur gehörigen Zeit, am richtigen Ort und in der richtigen Form anbietet, gerät er in **Verzug**. Er kann bei verspäteter Leistung zur Zahlung von Verzugszinsen und zu Schadenersatzleistung verurteilt werden.

Venditori si emptor in pretio solvendo moram fecerit, usuras dumtaxat praestabit, non omne omnino, quod venditor mora non facta consequi potuit, veluti si negotiator fuit et pretio soluto ex mercibus plus quam ex usuris quaerere potuit.

34. Gläubigerverzug: Schuldner läßt Wein ausfließen

Kommentar Seite 56

D 18,6,1,3 (Ulpianus libro vicesimo octavo ad Sabinum)

Auch ein Gläubiger kann in Verzug geraten, wenn er nämlich die ordnungsgemäß (d. h. zeitgerecht und vollständig) angebotene Leistung nicht annimmt. Folge dieser mora creditoris ist eine **Haftungsbeschränkung** des Schuldners auf Fälle von dolus (Treuwidrigkeit oder Arglist), d. h. dieser kann für bloß fahrlässiges Verhalten nicht mehr haftbar gemacht werden.

---

* Rekonstruktion von O. Lenel, Das Edictum perpetuum (3. Aufl. 1927), 299.

Licet autem venditori vel effundere vinum, si diem ad metiendum praestituit nec intra diem admensum est. Effundere autem non statim poterit, priusquam testando denuntiet emptori, ut aut tollat vinum aut sciat futurum, ut vinum effunderetur. Si tamen, cum posset effundere, non effudit, laudandus est potius; eapropter mercedem quoque doliorum potest exigere, sed ita demum, si interfuit eius inania esse vasa, in quibus vinum fuit (veluti si locaturus ea fuisset), vel si necesse habuit alia conducere dolia. Commodius est autem conduci vasa nec reddi vinum, nisi quanti conduxerit, ab emptore reddatur, aut vendere vinum bona fide: id est - quantum sine ipsius incommodo fieri potest - operam dare, ut quam minime detrimento sit ea res emptori.

35. Sachmängel: Verkauf eines undichten Gefäßes

Kommentar Seite 57

D 19,1,6,4 (Pomponius libro nono ad Sabinum)

Der Verkäufer haftet in bestimmten Fällen für sog. Sachmängel, d. h. Mängel, die den ordentlichen Gebrauch der Ware verhindern. Für offensichtliche Mängel gilt die Regel ‘caveat emptor’ (vgl. "Augen auf, Kauf ist Kauf"). **Für verborgene Sachmängel** haftet der Verkäufer grundsätzlich nur bei arglistigem Verschweigen (dolus) oder ausdrücklicher Zusicherung der Mangelfreiheit (dicta et promissa). Labeo hat jedoch - zumindest in einem besonderen Fall - eine strengere Haftung des Verkäufers gefordert.

Si vas mihi vendideris ita, ut adfirmares integrum, si id integrum non sit, etiam id, quod eo nomine perdiderim, praestabis mihi; si vero non id actum sit, ut integrum praestes, dolum malum dumtaxat praestare te debere. Labeo contra putat et illud solum observandum, ut, nisi in contrarium id actum sit, omnimodo integrum praestari debeat: et est verum. Quod et in locatis doliis praestandum Sabinum respondisse Minicius refert.

36. Sklaven- und Viehmängel

Kommentar Seite 59

D 21,1,1,1-2 (Ulpianus libro primo ad edictum aedilium curulium)

Die **kurulischen Ädilen** verlangen im Rahmen ihrer Marktgerichtsbarkeit über Sklaven- und Viehkäufe, daß der Verkäufer bestimmte Mängel (insbesondere Krankheiten) kundzumachen bzw. für diese auch bei eigener Unkenntnis einzustehen hat. Diese Haftungsverschärfung hat Rückwirkungen auf das allgemeine Kaufrecht und führt auch dort zu strengeren Maßstäben bezüglich Rückgaberecht, Preisminderung und Schadenersatzpflicht.

(1) Aiunt aediles: "Qui mancipia vendunt, certiores faciant emptores, quid morbi vitiive cuique sit, quis fugitivus errove sit noxave solutus non sit; eademque omnia, cum ea mancipia venibunt, palam

recte pronuntianto. Quodsi mancipium adversus ea venisset, sive adversus, quod dictum promissumve fuerit, cum veniret, fuisset, quod eius praestari oportere dicetur: emptori omnibusque, ad quos ea res pertinet, iudicium dabimus, ut id mancipium redhibeatur."
(2) Causa huius edicti proponendi est, ut occurratur fallaciis vendentium et emptoribus succurratur, quicumque decepti a venditoribus fuerint: dummodo sciamus venditorem, etiamsi ignoravit ea, quae aediles praestari iubent, tamen teneri debere. Nec est hoc iniquum; potuit enim ea nota habere venditor. Neque enim interest emptoris, cur fallatur, ignorantia venditoris an calliditate.

37. Die Zahnlücke

Kommentar Seite 60

D 21,1,11 (Paulus libro undecimo ad Sabinum)

Der Jurist Paulus interpretiert im folgenden den Begriff **morbus** im Edikt der kurulischen Ädilen.

Cui dens abest, non est morbosus. Magna enim pars hominum aliquo dente caret neque ideo morbosi sunt, praesertim cum sine dentibus nascimur nec ideo minus sani sumus, donec dentes habeamus; alioquin nullus senex sanus esset.

38. Spieler und Trinker

Kommentar Seite 60

D 21,1,4,2 und 3 (Ulpianus libro primo ad edictum aedilium curulium)

Hier erläutert Ulpian, daß nach dem Edikt der kurulischen Ädilen (s. Einl. zu Stück 36) grundsätzlich nur **körperliche**, nicht auch **charakterliche** und **geistige** Mängel von verkauften Sklaven den Verkäufer haftbar machen.

(2) Item aleatores et vinarios non contineri edicto quosdam respondisse Pomponius ait, quemadmodum nec gulosos nec impostores aut mendaces aut litigiosos.
(3) Idem Pomponius ait, quamvis non valide sapientem servum venditor praestare debeat, tamen, si ita fatuum vel morionem vendiderit, ut in eo usus nullus sit, videri vitium. Et videmur hoc iure uti, ut vitii morbique appellatio non videatur pertinere nisi ad corpora; animi autem vitium ita demum praestabit venditor, si promisit, si minus, non.

Das römische Recht im europäischen Mittelalter

Nach der Rückeroberung des von den Ostgoten beherrschten Italien setzte Justinian 554 n. Chr. seine Kompilationen (s. Komm. S. 73: Digesten) auch für diesen Reichsteil in Kraft. Das Vordringen der germanischen Langobarden (ab 568) beschränkte jedoch alsbald die byzantinische Herrschaft und damit die röm. Rechtstradition auf einige wenige Enklaven wie Ravenna und Rom, sowie Teile Süditaliens und Siziliens.

Die Spuren des Weiterlebens des röm. Rechts in Italien zwischen dem 6. und 11. Jhdt. sind spärlich. Insbesondere die Digesten, das anspruchsvollste Werk der justinianischen Kompilation, gerieten bald in Vergessenheit. Ihre Wiederentdeckung im 11. Jhdt. in Italien fiel in eine Zeit wissenschaftlicher Blüte und politischer Spannungen, unter deren Einfluß das röm. Recht zu einer europäischen Rechtswissenschaft verarbeitet und als Grundlage der modernen europäischen Privatrechtsordnungen rezipiert wurde.

Im späten 11. Jhdt. gründete der berühmte Jurist **Irnerius** (gest. nach 1125) in Bologna (Oberitalien) die bedeutendste Rechtsschule des europäischen Mittelalters, in der erstmals das gesamte Corpus iuris Justinians (s. Einl. S. 5) wissenschaftlich aufbereitet wurde.

Die Rechtslehrer von Bologna werden als **Glossatoren** bezeichnet. Glossen (von gr. glōssa, "Wort", "Sprache", "Anmerkung") sind Wort- oder Sacherklärungen, die ein Jurist in seinem Exemplar der Digesten, Institutionen u. a. auf dem Seitenrand (Marginalglossen) oder zwischen den Zeilen (Interlinearglossen) anbrachte. Sie wurden mit dem glossierten Text zusammen abgeschrieben und bearbeitet, zum Teil auch in besonderen Sammlungen veröffentlicht.

Die justianianische Kompilation ist ein Sammelwerk verschiedener Stoffmassen, insbesondere des ius (klassische Juristenschriften) und der leges (Kaiserkonstitutionen). Beide umspannen einen Zeitraum von mehreren Jahrhunderten. Eine inhaltliche Abstimmung des oft widersprüchlichen Rechtsmaterials ist nur in beschränktem Ausmaß durch justinianische Interpolationen (Textänderungen) bewerkstelligt worden. Digesten und Codex (s. Einl. S. 5) sind nicht systematisch gegliedert. Erst die Glossatoren begannen eine systematische wissenschaftliche Durchdringung, Harmonisierung und Ordnung des gesamten Rechtsstoffes.

Röm. Rechtstext mit Randglossen (Marginalglossen), Blatt 7 (Vorderseite) des zu Abb. S. 41 beschriebenen Frühdrucks v. J. 1475. Der Text (Constitutio C 1,2,2 v. J. 381 n. Chr.) bezieht sich auf Konstitutionen (s. Komm. S. 73: constitutio principis) spätröm. Kaiser bezüglich der Kultstätten christlicher Heiliger (Apostel bzw. Märtyrer). Er beginnt mit den Worten: Imperatores Gratianus et Valentinianus et Theodosius Augusti Pancratio praefecto urbis. Nemo apostolorum vel martyrum sedem humanis corporibus exstimet esse concessam. ("Die Hauptkaiser Gratian, Valentinian und Theodosius an den Stadtpräfekten Pancratius. Niemand soll glauben, an einer Begräbnisstätte von Aposteln bzw. Märtyrern sei die Beisetzung menschlicher Leichname erlaubt"). Die Erklärungen (Glossen) sind um den Text herum in kleinerer Schrift gedruckt, wobei die einzelnen erklärten Textstellen unterstrichen sind, z. B.: <u>nemo apostolorum</u> vel aliorum sanctorum ecclesias vel reliquias. Quid ergo, si contra factum fuerit? ... <u>vel martyrum</u> vel confessorum. ("<u>Niemand</u> soll glauben, in den Kirchen bzw. Stätten der Reliquienverehrung von <u>Aposteln</u> und anderen Heiligen ... Was also, wenn zuwider gehandelt wurde? ... <u>bzw. von Märtyrern</u> bzw. von Glaubensbekennern".)

Die Nachfolger der Glossatoren, die sog. **Konsiliatoren** (von consilium, "Rechtsgutachten"), die von der Mitte des 13. Jhdts. bis zum Anfang des 16. Jhdts. wirkten, verstärkten den Praxisbezug des röm. Rechts, indem sie auch andere Rechtsquellen, die im mittelalterlichen Leben Bedeutung gewonnen hatten, in ihre wissenschaftliche Betrachtung einbezogen. Dies betraf in erster Linie das kanonische Recht (Kirchenrecht), das bereits zur Glossatorenzeit parallel zum röm. Recht nach derselben Methode an den Universitäten gelehrt wurde (daher auch die Ausdrücke ius utrumque und doctor iuris utriusque: die 'beiden Rechte' sind das ius civile und das ius canonicum), aber auch die lokalen consuetudines (Gewohnheitsrecht) und statuta (Gesetze) der Stadtstaaten Italiens. In der Literatur der Konsiliatoren trat der umfassende Kommentar zu allen oder größeren Teilen des Corpus iuris hervor, der sich stärker als die exegetischen (d. h. texterklärenden) Werke der Glossatorenzeit von der engen Bindung an die Textabfolge der Quellen befreite. Daneben wurden - ebenfalls in lat. Sprache - zahllose Abhandlungen (tractatus) zu einzelnen Sachgebieten verfaßt, insbesondere aber war das consilium Ausdrucksmittel der neuen juristischen Denkweise dieser Zeit.

Die von Bartolus (1314-57) und seinem Schüler Baldus (1327-1400), den beiden bedeutendsten Vertretern dieser Schule, souverän gehandhabte Methode des mos (docendi) Italicus wurde zum Inbegriff des 'juristischen Denkens'. In der Gestalt, die ihm die Gutachten und Kommentare der Konsiliatoren gaben, erlangte das röm. Recht als ratio scripta ("schriftlich niedergelegte Vernunft") internationale Verbreitung und Anerkennung als gemeineuropäisches **ius commune**.

In nomine domini nostri
Jesu christi · Codicis do
mini Justiniani sacratis
simi principis petui Au
gusti repetite prelectionis
Incipit constitutio prima
de nouo codice faciendo Ru
brica·

Imperator Justinian9 Au
gustus ad Senatum·
ec que ne
cessario cõ
rigēda eē
multis re
tro princi
pib9 visa
sūt / iterea
tñ nullus
eo℞ hs ad
effectū du
cere ausus ē / in presenti re
bus donare cōmunibꝫ au
xilio dei omnipotentis cen
suimus / et prolixitatem liti
um amputare· multitudi
ne quidem constitutionū

Kaiser Justinian und der Apostel Petrus als Symbolgestalten für weltliches und kirchliches Recht (utrumque ius), Buchmalerei in einem Frühdruck (Inkunabel) des Codex Iustinianus (s. Komm. S. 72), entstanden in Nürnberg i. J. 1475, j. in Berlin, Deutsche Bibliothek, Inkunabel 1844a, Sammlung Savigny 297, Blatt 1 (Vorderseite), Spalte 1. Die Bilder zeigen den thronenden Kaiser und seine Rechtsgelehrten (im Vordergrund wahrscheinlich Tribonian, s. Komm. S. 73: Digesten) in spätmittelalterlicher Kleidung bzw. Petrus (mit Heiligenschein und den gekreuzten Schlüsseln der Himmelspforte). Diese Zusammenstellung soll ausdrücken, daß 'beide Rechte' zusammengehören und, als Ordnungsprinzip der menschlichen Gesellschaft, letztlich göttlichen Ursprungs sind. - Der abgebildete Text enthält den Anfang der sog. Constitutio Haec (Erlaß Justinians vom 13. 2. 528), worin die Einsetzung einer Kommission zur Sammlung kaiserlicher Konstitutionen in einem einzigen Werk (Codex Iustinianus) verfügt wird. Die constitutio beginnt bei dem Bild des Petrus mit den Worten: Haec, quae necessario conrigenda esse multis retro principibus visa sunt - interea tamen nullus eorum hoc ad effectum ducere ausus est -, in praesenti rebus donare communibus auxilio dei omnipotentis censuimus ... ("Das, was vielen früheren Kaisern verbesserungsbedürftig erschien - dennoch unternahm es bisher keiner von ihnen, dies auch durchzuführen -, beschlossen wir nunmehr der Allgemeinheit mit der Hilfe Gottes, des Allmächtigen, zugänglich zu machen".)

39. Wer darf nicht vor Gericht geladen werden?

Distinctiones Tubingenses Nr.16

Kommentar Seite 61

Für die Systematisierung des Rechtsstoffes bilden distinctiones (Unterscheidungen) erste Ansätze. Die **distinctio** zerlegt einen Oberbegriff durch Heranziehung entgegengesetzter Sondermerkmale in seine (möglichst ebenfalls in den Quellen vorkommenden) Unterbegriffe. Das Verfahren wird auch auf Tatbestände und Rechtsfolgen angewandt. Sein Zweck ist die zusammenfassende, übersichtliche Darstellung einer bestimmten Materie.

So verarbeitet die folgende distinctio Nr.16 aus den sog. Distinctiones Tubingenses (einer kleinen Distinktionensammlung aus dem 12. Jhdt., die in einer Handschrift der Universitätsbibliothek Tübingen überliefert ist) verstreute Einzelheiten aus verschiedenen Digestenstellen zu einem Gesamtbild jener Umstände, unter denen jemand nicht vor Gericht geladen werden darf.

Die Orthographie der mittelalterlichen Texte trägt der tatsächlichen Aussprache jener Zeit Rechnung; es wird daher "ae" ebenso als "e" geschrieben wie "oe", z. B. pretor ≙ praetor, publice necessitatis ≙ publicae necessitatis, pena ≙ poena usw. Comunis ≙ communis.

Distinctio 16

Prohibetur quis in ius vocari aut gratia negotiorum aut reverentia personarum.

(I) Reverentia personarum: aut gratia divini iuris aut humani.
  (1) Divini: ut pontifex, dum sacra facit.
  (2) Humani: aut gratia publici iuris aut privati.
    (a) Publici: omnis iudex, dum de re cognoscit, aut consul aut pretor et sic de ceteris.
    (b) Privati: parens, patronus et eorum liberi sine venia pretoris.

(II) Gratia negotiorum: aut gratia publice necessitatis aut comunis aut singularis.
  (1) Publice necessitatis: ut miles, dum pergit ad bella.
  (2) Comunis: ut aliquis tempore vindemiarum vel messium.
  (3) Singularis: dum parentem funerat et nuptias celebrat.

b. [Bulgarus]

Das 'Rohmaterial' für diese distinctio stammt aus folgenden Digestenstellen:

D 2,4,2 (Ulpianus libro quinto ad edictum)

In ius vocari non oportet neque consulem neque praefectum neque praetorem neque proconsulem neque ceteros magistratus, qui imperium habent, qui et coercere aliquem possunt et iubere in carcerem duci; nec pontificem, dum sacra facit; nec eos, qui propter loci religionem inde se movere non possunt; sed nec eum, qui equo publico in causa publica transvehatur. Praeterea in ius vocari non debet, qui uxorem ducat, aut eam, quae nubat; nec iudicem, dum de re cognoscat; nec eum, dum quis apud praetorem causam agit; neque funus ducentem familiare iustave mortuo facientem.

D 2,4,4,1 (Ulpianus libro quinto ad edictum)

Praetor ait: 'Parentem, patronum patronam, liberos, parentes patroni patronae in ius sine permissu meo ne quis vocet'.

D 2,12,1 pr. (Ulpianus libro quarto de omnibus tribunalibus)

Ne quis messium vindemiarumque tempore adversarium cogat ad iudicium venire, oratione divi Marci exprimitur, quia occupati circa rem rusticam in forum conpellendi non sunt.

40. Unterhaltspflicht des Ehemannes

Kommentar

Bartolus, Consilium Nr.128

Seite 62

Dieses **Bartolus-Gutachten** ist ein typisches Beispiel für die schöpferische Weiterentwicklung des Rechts durch die Konsiliatoren (s. Einl. S. 40). Im klassischen röm. Recht war der Mann rechtlich nicht verpflichtet, seiner Frau Unterhalt zu leisten. Bartolus begründet die Unterhaltspflicht des Mannes gegenüber seiner Ehefrau unter Hinweis darauf, daß diese in seinen Diensten stehe (debet ali a viro, in cuius servitio et opera est), und auch ein Entleiher, etwa eines Sklaven, für die Kosten von Nahrungsmitteln aufkommen müsse: Die Entscheidung wird also von einem Rechtssatz getragen, der von Gaius in D 13,6,18,2 in einem ganz anderen Sachzusammenhang formuliert worden ist. Bartolus überträgt diesen Satz auf das Rechtsverhältnis zwischen Ehegatten.

Franciscus habuit in uxorem quandam dominam Thomam et habuit in dotem 200 florenos. Decessit iste Franciscus relictis quibusdam filiis pupillis, cum quibus dicta domina Thoma mater dictorum filiorum moram traxit bene per tres annos, deinde transivit ad secunda vota, et ista stetit cum illo viro bene tres annos. Modo ille secundus vir petit ab illis haeredibus dicti Francisci dotes dictae dominae et alimenta. Quaeritur, utrum alimenta debeantur et pro quo tempore. In illa quaestione est advertendum, quare petuntur illa alimenta, an petuntur pro parte matris tamquam ali debeat a filiis, et sic officio iudicis, et tunc non potest: quia debet ali a viro, in cuius servitio et opera est, ut lege de rebus, § possunt, digesto commodati ... Et hoc dico ego, Bartolus.

Römische Rechtsregeln

Unter dem Einfluß gr. Wissenschaften (Logik, Grammatik, Rhetorik etc.) haben röm. Juristen im 1. Jhdt. v. Chr. eine wissenschaftliche Rechtsliteratur entwickelt. Sie nahmen Begriffsbestimmungen vor (**definitiones**), unterschieden Gattungen und Arten (**distinctio** nach **genera** und **species**: so unterschied etwa Mucius fünf genera tutelae, Servius vier genera furti) und stellten Regeln auf (**regulae**), in denen Ansätze zur Entwicklung eines Systems erblickt werden können.

Zu keiner Zeit haben jedoch röm. Juristen die Entwicklung eines lückenlosen Systems abstrakter Begriffe und Regeln angestrebt, aus dem (wie aus einem modernen Gesetzbuch) die Entscheidungen neu auftretender Rechtsfälle hätten abgeleitet werden können. Sie wollten sich nicht generell an starre Regeln binden, sondern ihr Recht von Fall zu Fall weiterentwickeln.

Während Juristen aus der Zeit der röm. Republik eine gewisse Neigung zur Regelbildung erkennen lassen, zeigen Juristen der Kaiserzeit darin große Zurückhaltung. Man findet bei ihnen eher die Tendenz, die **regulae iuris** der republikanischen Juristen kritisch einzuschränken. In Justinians Kompilationen wird hingegen deutlich der umgekehrte Weg beschritten: Durch Herauslösung aus konkreten Sachbezügen werden regelhafte Aussagen verallgemeinert und in einem eigenen Digestentitel D 50,17 'de diversis regulis iuris antiqui' zusammengestellt. Diese Regelsammlung hat die spätere Systematisierung des röm. Rechts in der mittelalterlichen Jurisprudenz, insbesondere durch die Glossatoren (s. Einl. vor Stück 39), sehr erleichtert. Letztere haben ihrerseits aus röm. Texten neue Rechtsregeln gebildet. Zahlreiche, noch heute geläufige lateinische Rechtsregeln sind erst im Mittelalter entstanden.

I. In der Textauswahl dieses Buches sind folgende röm. Rechtsregeln angesprochen:

R 1 **Mater semper certa est** (pater est, quem nuptiae demonstrant): Komm. B zu Stück 7 (Celsus D 1,5,19; vgl. auch Paulus D 2,4,5: Quia semper certa est, etiam si vulgo conceperit. Pater vero is est, quem nuptiae demonstrant.)

R 2 **Nasciturus pro iam nato habetur** (quotiens de commodis eius quaeritur): Stück 8 (Paulus D 1,5,7; vgl. auch Paulus D 50,16,231: Quod dicimus eum, qui nasci speratur, pro superstite esse, tunc verum est, cum de ipsius iure quaeritur. Aliis autem non prodest nisi natus.)

R 3 **Libera matrimonia esse debent**: Stück 14 (Alexander Severus C 8,38,2)

R 4 **Nemo plus iuris ad alium transferre potest, quam ipse habet:** Stück 21 (Ulpian D 50,17,54)

R 5 **Superficies solo cedit**: Stück 22 (Gaius D 41,1,7,13; vgl. Gaius, Inst. 2, 73: Praeterea id quod in solo nostro ab aliquo aedificatum est, quamvis ille suo nomine aedificaverit, iure naturali nostrum fit, quia superficies solo cedit.)

R 6 **Accessio cedit principali:** Stück 23 (Gaius D 41,1,9,1; vgl. auch Ulpian D 34,2,19,13: semper enim cum quaerimus, quid cui cedat, illud spectamus, quid cuius rei ornandae causa adhibetur, ut accessio cedat principali.)

R 7 **Actori incumbit probatio:** Stück 25 (Paulus D 22,3,2: Ei incumbit probatio, qui dicit, non, qui negat. Marcian D 22,3,21: semper necessitas probandi incumbit illi, qui agit.)

R 8 **Malitiis non est indulgendum:** Stück 26 (Celsus D 6,1,38)

R 9 **Liberum corpus nullam recipit aestimationem:** Komm. B zu Stück 29 (Gaius D 9,3,7)

R 10 **Quod quis ex culpa sua damnum sentit, non intellegitur damnum sentire:** Komm. B zu Stück 30 (Pomponius D 50,17,203)

R 11 **Vim vi repellere licet:** Stück 32 (Ulpian D 43,16,1,27: Vim vi repellere licere Cassius scribit idque ius natura comparatur. Apparet autem, inquit, ex eo arma armis repellere licere.)

R 12 **Dies interpellat pro homine:** Komm. B zu Stück 34 (Baldus, Kommentar zu C 8,37,12)

R 13 **Caveat emptor:** Stück 35 (Ulpian D 21,1,1,6: Si intellegatur vitium morbusve mancipii ... , potest dici edictum cessare. Hoc enim tantum intuendum est, ne emptor decipiatur.)

II. Im folgenden werden einige weitere röm. Rechtsregeln - klassische und mittelalterliche, nach Sachgebieten geordnet - angeführt, die zum Teil noch in der modernen Rechtswissenschaft häufig Verwendung finden, da sie wichtige Rechtsprinzipien knapp und treffend formulieren:

1. Recht und Gerechtigkeit

(Zu den berühmten Definitionen von ius und iustitia s. Stück 3).

R 14 **Dura lex, sed lex** (Ulpian D 40,9,12,1: quod quidem perquam durum est, sed ita lex scripta est.)

R 15 **Lex posterior derogat priori** (Baldus, Kommentar zu Ulpian D 9,2,1 pr.: Lex Aquilia omnibus legibus, quae ante se de damno iniuria locutae sunt, derogavit.)

R 16 **Scire leges non hoc est verba earum tenere, sed vim ac potestatem** (Celsus D 1,3,17)

R 17 **Incivile est nisi tota lege perspecta una aliqua particula eius proposita iudicare vel respondere** (Celsus 1,3,24)

R 18 **Princeps legibus solutus est** (Ulpian D 1,3,31)

2. Prozeß

R 19 **In dubio pro reo** (Gaius D 50,17,125: Favorabiliores rei potius quam actores habentur; vgl. auch Ulpian D 48,19,5 pr.: Sed nec de suspicionibus debere aliquem damnari divus Traianus Adsidio Severo rescripsit. Satius enim esse inpunitum relinqui facinus nocentis quam innocentem damnari.)

R 20 **Ne bis in idem** (Quintilian, Institutio oratoria 7,6,4: bis de eadem re ne sit actio; Pseudo-Quintilian, Declamationes 266: bis de eadem re agere ne liceat.)

R 21 **Nullum crimen, nulla poena sine lege** (Ulpian D 50,16,131,1: poena non irrogatur, nisi quae quaque lege vel quo alio iure specialiter huic delicto imposita est.)

3. Privatrecht

R 22 **Error iuris nocet** (Paulus D 41,4,2,15: iuris error nulli prodest.)

R 23 **Prior tempore potior iure** (Caracalla C 8,17,3)

R 24 **Qui tacet, consentire videtur** (Ulpian D 19,2,13,11: hoc enim ipso, quo tacuerunt, consensisse videntur; vgl. Paulus D 50,17,142: qui tacet, non utique fatetur. Sed tamen verum est eum non negare; Paulus D 23,1,7,1 (zum Verlöbnis): intellegi ... patrem consentire, nisi evidenter dissentiat.)

Justinian, Mosaik nach einem Entwurf von G. Migneco, ausgeführt von R. Signorini, aus d. J. 1965, Ravenna. - Dante, von Beatrice geleitet, begegnet im Paradies Kaiser Justinian, der ein Exemplar des Corpus iuris civilis in Händen hält. (Zu dieser anachronistischen Bezeichnung s. S. 5) - Das Kaiserbild wurde vom Künstler des 20. Jhdts. im Anschluß an die in Ravenna erhaltenen Mosaikportraits (s. Abb. S. 5) gestaltet.

Zeittafel zur Entwicklung des römischen Rechts

753-510 v. Chr.	**Königszeit**, Beginn der Priesterjurisprudenz
509-27	**Republik**
494	Auszug der plebs auf den mons sacer (Höhepunkt der Ständekämpfe zwischen Plebejern und Patriziern)
451-449	Decemviri, Zwölf-Tafel-Gesetze
449	leges Valeriae Horatiae (Unverletzlichkeit der Volkstribunen)
445	lex Canuleia (Eherecht zwischen Patriziern und Plebejern)
367/66	leges Liciniae Sextiae (Konsularverfassung; einer der Konsuln soll jeweils Plebejer sein; Einrichtung der Prätur)
287/86	lex Hortensia (Plebiszite gelten als Gesetze für das Gesamtvolk); lex Aquilia (Neuregelung des Schadenersatzrechts)
254	Ti. Coruncanius, erster plebejischer pontifex maximus, erteilt öffentlich Rechtsgutachten
242	Einsetzung des praetor peregrinus
2. Jhdt.	Entwicklung der Grundlagen der röm. Privatrechtswissenschaft durch Juristen wie M. Porcius Cato (Sohn des berühmten Cato Censorius), M'. Manilius, M. Iunius Brutus, P. Rutilius Rufus
um 100	Gesamtdarstellung des ius civile durch Q. Mucius Scaevola, genannt Pontifex
1. Jhdt.	Bedeutende Juristen: C. Aquilius Gallus, Servius Sulpicius Rufus (einer der Lehrer Ciceros), P. Alfenus Varus, C. Trebatius Testa (Freund Ciceros und Caesars)
27 v.-284 n.Chr.	**Prinzipat**
27 v.-14 n.Chr.	*Augustus*
18 v. Chr.	Ehegesetze (lex Iulia de maritandis ordinibus, lex Iulia de adulteriis)
2 n. Chr.	lex Fufia Caninia (Beschränkung der Sklavenfreilassung)
4	lex Aelia Sentia (Beschränkung der Sklavenfreilassung)
9	lex Papia Poppaea (Ehegesetz)
14-68	*Julisch-claudische Dynastie* Frühklassische Juristenschulen: Sabinianer (Capito, Sabinus, Cassius), Prokulianer (Labeo, Nerva, Proculus)
69-96	*Flavische Dynastie*
96-192	*Adoptivkaiser*: Hochklassische Juristen (Iavolenus, Neratius, Aristo, Celsus, Iulianus, Africanus, Pomponius, Gaius, Marcellus, Cervidius Scaevola)
um 130	Endredaktion des prätorischen Edikts durch Iulianus
193-235	*Dynastie der Severer* (gegründet von Septimius Severus, 193-211). Spätklassische Juristen (Papinianus, Paulus, Ulpianus, Marcianus, Modestinus)

212	Constitutio Antoniniana (unter Kaiser Antoninus Caracalla): Bürgerrechtsverleihung an alle freien Reichsbewohner
235-284	*Soldatenkaiser*
284-565	**Dominat** (begründet von Diokletian, 284-305)
301	Höchstpreisedikt (edictum de pretiis rerum venalium)
306-337	Konstantin I. (der Große)
313	sog. Mailänder Toleranzedikt (Duldung des Christentums)
326	Konstantinopel (Byzanz) wird Hauptstadt
379-395	Theodosius I. (der Große)
391	(katholisches) Christentum wird Staatsreligion
395	Reichsteilung in oström. und weström. Reich
408-450	Theodosius II. (Ostrom)
438	Codex Theodosianus (Sammlung von Kaiserkonstitutionen)
476	Letzter weström. Kaiser Romulus Augustulus durch den Germanenfürsten Odo(v)akar abgesetzt
527-565	Justinian I. (Ostrom)
528/29	erster Codex Iustinianus (Sammlung von Kaiserkonstitutionen, Redaktor: Tribonianus)
530-533	Entstehung der Digesten (Exzerpte aus klassischen Juristenschriften)
533	Institutionen (Anfängerlehrbuch, nach Gaius)
534	zweite Fassung des Codex
535-582	Novellen (novellae, Reformgesetze nach Abschluß des Codex, urspr. überwiegend in gr. Sprache publiziert)
554	Einführung des Corpus iuris in Italien (nach Rückeroberung durch Ostrom)
um 1050	**Wiederentdeckung der Digesten in Italien**
11.-13. Jhdt.	*Rechtsschule der Glossatoren* in Bologna (Irnerius; quattuor doctores [Martinus, Bulgarus, Jacobus, Hugo]; Azo; Accursius)
13.-16. Jhdt.	*Rechtsschule der Konsiliatoren* (Postglossatoren, Kommentatoren): Bartolus, Baldus
15./16. Jhdt.	Höhepunkt der Rezeption des röm. Rechts in den deutschen Ländern
1812	*Allgemeines Bürgerliches Gesetzbuch* (ABGB): Ende der unmittelbaren Geltung des röm. Rechts in Österreich
1900	*Bürgerliches Gesetzbuch* (BGB): Ende der unmittelbaren Geltung des röm. Rechts in Deutschland